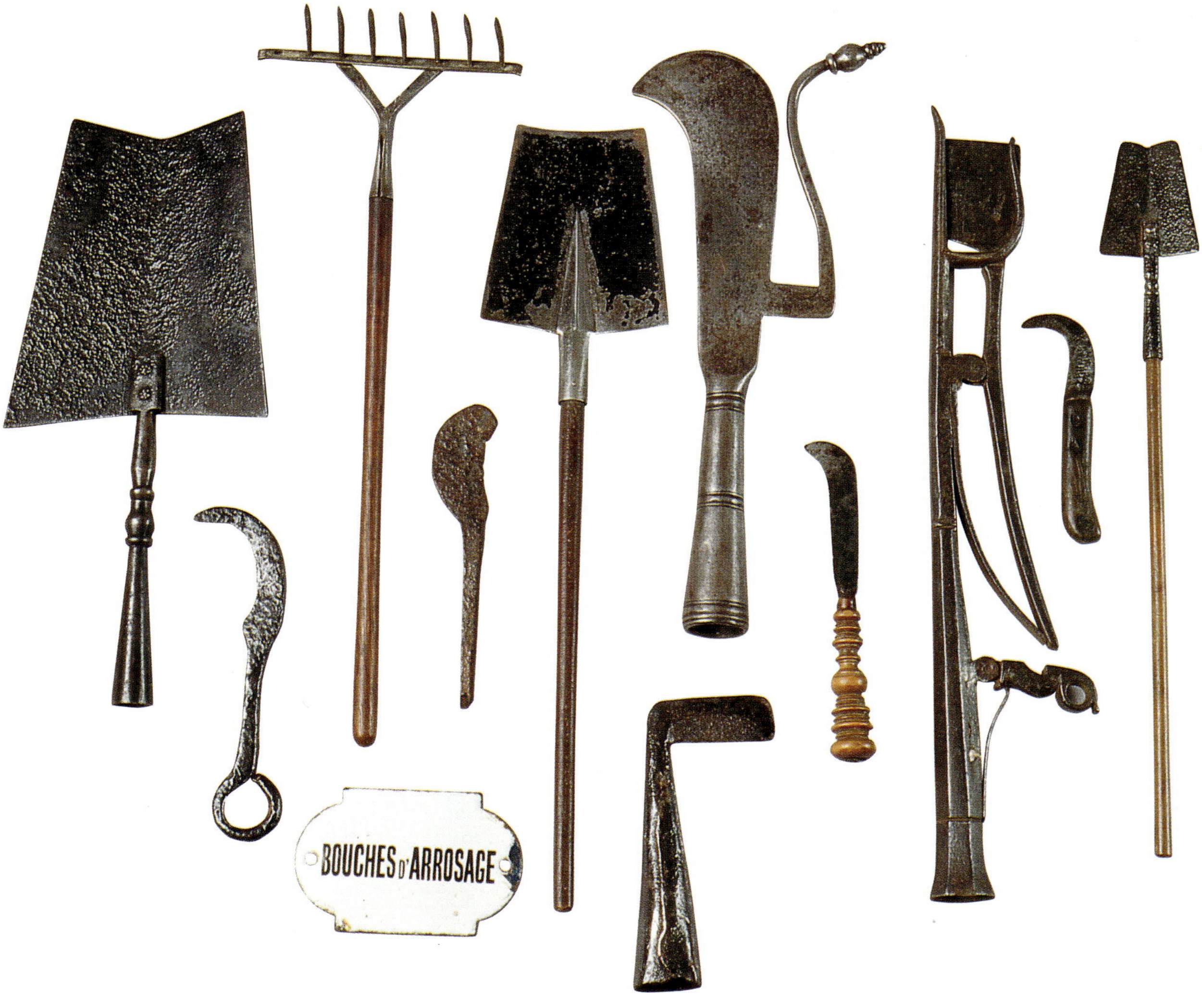
BOUCHES D'ARROSAGE

itinéraires de découvertes

LA NORMANDIE DES JARDINS

TEXTE
M. LE GOAZIOU G. PELLERIN

PHOTOS
PIERRE BERENGER

Éditions Ouest-France

L'esprit
du

jardinier normand

Les Normands transforment tout en jardin et la Normandie ressemble à un immense jardin.

Qu'il s'agisse d'endroits magnifiques ou aussi peu poétiques qu'une décharge à ordures, ou encore dramatiques comme les cimetières des plages du Débarquement, ils en font un espace de verdure et de sérénité. Du bocage de l'intérieur aux landes des côtes, tout est prétexte, lieu pour planter et profiter du climat si particulier de cette région unique.

Les jardiniers normands ont de l'esprit et la main verte. La nature les a gâtés. Ils peuvent faire pousser n'importe quoi ou presque. Mais « la nature ne fait pas de jardins », disait le philosophe Alain. Que d'efforts, de constance et de soins pour apprivoiser la terre ! Et pourtant, dans tous les coins de Normandie, on rencontre des jardins extraordinaires.

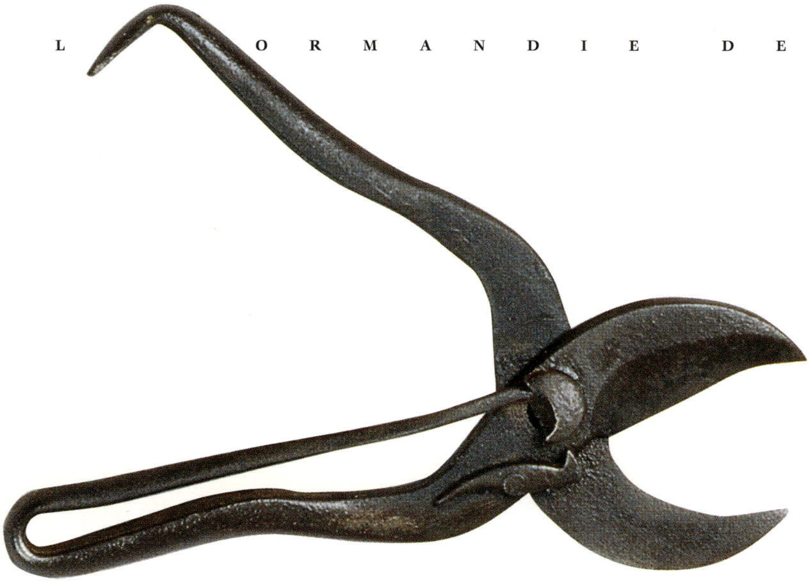

Les hommes ont toujours voulu apprivoiser la nature et recréer une image du paradis perdu. Pour donner corps à leurs rêves, les jardiniers déploient une infinie patience et beaucoup de travail. Mais ils sont surtout animés d'une énorme passion. Les jardins publics, véritable conservatoire du savoir horticole, sont légion : Caen, Coutances, Rouen, Avranches... et peuvent se visiter toute l'année.

Paradis pour tous les goûts

On peut aussi découvrir de nombreux jardins privés dont certains sont de véritables jardins d'essai, qui ouvrent leurs portes, notamment en juin, pour faire découvrir leurs trésors.

Les gourmands vous emmènent dans leur potager. Les artistes vous entraînent dans leur palette. Les esthètes disciplinent la nature selon un dessin très architecturé. Les fous de botanique s'enflamment pour une famille de plantes, qui les fait transformer leur bout de Normandie en forêt himalayenne, palmeraie africaine ou île du bout du monde. Les philosophes transposent leurs réflexions en compositions végétales, et les romantiques se font metteurs en scène du paysage de leurs rêves. L'eau utilisée comme élément décoratif peut donner une dimension grandiose, romantique ou ludique aux jardins qu'elle décore.

Cette diversité d'inspiration montre les multiples facettes de l'imagination normande, que l'on dit parfois réservée. A notre époque, le retour au jardin, plus qu'une mode, traduit un phénomène de société, voire un besoin vital. Il nous renvoie à l'idée, cet équilibre qui, selon la Bible, faisait vivre l'homme et la femme, délivrés du souci nourricier, en parfaite harmonie avec le reste de la création. Et si le paradis est à l'image de ces jardins normands, alors on peut être rassuré : poussons la porte de ces endroits choisis et entrons dans ces lieux généreux et accueillants.

Un jeu entre terre et mer

Les Normands ont-ils un secret, ou simplement les pouces verts ? Le climat, il est vrai, les avantage, et la richesse de la terre ne peut que faire germer les idées et les jardins, avec la complicité d'une terre généreuse. Mais, en plus, ils sont un peu marins et jouent avec l'influence de la mer et des courants qui font la pluie et le beau temps sur plus de 500 kilomètres de côtes.

Le jardin

Si le potager est par excellence un jardin des sens, c'est qu'il associe goût, odorat et vue. Les deux potagers normands présentés dans ce livre en sont une démonstration. A Miromesnil comme à Bosmelet, le goût est indissociable de la vue. Et si c'est la gourmandise, pour l'un, et l'harmonie des couleurs, pour l'autre, qui sont le moteur

nourricier

LE BON PEUT ÊTRE BEAU

de cette passion, celle-ci demande une patience et une attention intenses. Jean-Baptiste de La Quintinie, jardinier du Roi-Soleil et créateur de son fameux potager de Versailles, disait que si « dans le jardinage, il y a des plaisirs et des chagrins [...], rien au monde ne demande tant de prévoyance et d'habileté que les jardins fruitiers et potagers ». Le talent et le travail des jardiniers y sont donc particulièrement visibles. Louis XIV, roi magnifique, exigeant et capricieux, demandait et obtenait des miracles de son jardinier attitré. Dans ce jardin d'utilité où se confrontaient l'ingéniosité de l'homme et les exigences de la nature, Louis XIV venait prendre des leçons d'horticulture légumière, mais aussi de patience et de plénitude. Sans doute devait-il ressentir, comme Colette le décrira plus tard, qu'« à ouvrir la terre, ne serait-ce qu'un carré de choux, on se sent toujours le premier, le maître, l'époux sans rivaux ».

Le but d'un potager, où selon Henri IV « l'on cultive les légumes à cuire au pot », est pourtant bien terre à terre. Il s'agit d'un jardin nourricier. Mais, qu'il soit royal ou ouvrier, un potager associe toujours le bon et le beau. L'homme ne se nourrit pas seulement de pain et de soupe ! Déjà, dans les potagers des monastères, il y avait toujours un carré de lis pour les bouquets d'autels de la Vierge. Dans les jardins ouvriers, rebaptisés jardins familiaux, comme à Villandry, on admire souvent ces damiers réguliers, mêlant poireaux impeccablement alignés ou potirons indisciplinés associés aux roses, pivoines ou zinnias, espaliers taillés et arbres fruitiers qui symbolisent l'union du temporel et du spirituel.

Miromesnil
la profusion légumière

Il n'y a que le Rouge d'Étampes qui fasse de la bonne soupe de potiron crémeuse et mousseuse.

Au château de Miromesnil, le potager est superbe et ferait presque oublier sa fonction première de jardin nourricier. C'est pourtant sa raison d'être. « Mes parents, raconte Thierry de Vogüe, avaient racheté cette propriété en 1938. Ils ont juste eu le temps de l'installer avant que les Allemands ne la réquisitionnent. Quand ma mère a retrouvé le potager au lendemain de la guerre, c'était un terrain vague, couvert de ronces, avec une terre très lourde, argileuse, recouvrant du calcaire. Comme nous étions huit enfants, avec les copains et les cousins nous étions facilement entre vingt et trente personnes à table tout l'été. Alors, ma mère s'est mise à faire pousser des légumes et, très vite, des fleurs pour égayer la maison. Mais il n'y a rien de rare. Elle avait pour règle d'or de regarder ce qui poussait chez le voisin ou dans des régions similaires comme l'Angleterre si proche, et elle s'y tenait. Ce qui lui a certainement évité bien des déboires, mais qui explique aussi qu'il n'y ait rien de rare ici. »

Ombellifères et chapeau de paille, Thierry de Vogüe nous convie à une savoureuse promenade dans son potager.

Sédum, phlox blancs, asters, pivoines et toujours la sauge salvia horminum, une des chouchous de Miromesnil composent la mixed-border qui encadre le carré de légumes.

Encadrés de fleurs

Le potager est donc composé de quatre carrés de légumes séparés par des allées engazonnées et encadrés par des « mixed-borders » dont l'exubérance colorée contraste avec les rangs sages de légumes. On trouve également au milieu de ceux-ci des rangs de fleurs à couper et à sécher pour fleurir la maison, hiver comme été. La tradition des bouquets est aujourd'hui perpétuée par Béatrice, l'épouse de Thierry de Vogüe, mais Odile, l'ancienne cuisinière, en retraite depuis longtemps, revient régulièrement participer à cette tâche qu'elle a longtemps assumée.

C'est dans les années cinquante que la mère du propriétaire actuel s'est lancée dans les bordures de fleurs entre les allées de gazon et les légumes. Avec ses voisines et amies, la princesse Struza et Mary Mallet, il y avait une émulation très forte. C'est ainsi que Madame de Vogüe a commencé à planter des clématites, très peu courantes alors. « Nous en avons maintenant près de quatre-vingts variétés et cent cinquante pieds », explique son fils. Les murs du potager sont ainsi fleuris, en alternance avec les rosiers et les arbres fruitiers, de mai à octobre.

Les fleurs se marient aux légumes, parsemant de couleurs la monochromie des légumes.

Jouez l'engrais naturel

Qu'il soit à base de feuilles, d'herbe, de fumier, d'algues..., rien ne vaut les vertus de l'engrais naturel. Malgré les progrès de la chimie, le bon vieux compost n'est pas prêt de se faire détrôner. La fabrication du terreau naturel respecte le cycle immuable de la montée en température puis de l'altération progressive, qui transforme les micro-organismes en humus stable. Ce terreau évite la saturation acide des sols et supprime les risques de déstructuration organique et physico-chimique trop souvent engendrés par l'emploi d'engrais chimiques au dosage difficile à maîtriser.

Les jardiniers, comme noyés dans une marée végétale multicolore, entretiennent chaque pied avec soin.

Les plates-bandes bordant les allées sont composées de vivaces : pivoines, campanules, achillées, digitales. Aux bulbes de printemps, enterrés très profond et restant en terre toute l'année, succèdent toutes les annuelles comme les cosmos, lavatères, tabac, héliotropes ou lobélies. « Nous avons de plus en plus de mal à trouver des graines par coloris ; or, nous essayons de rester dans une palette pastel pour l'harmonie avec les murs de brique rose. Cela nous oblige à faire des semis et des sélections sévères », dit Thierry de Vogüe. Certaines variétés sont maintenant introuvables comme les spectaculaires delphiniums *Pacific Giant* qui occupent toute l'allée centrale. En juin, c'est une forêt bleue qui partage le potager.

Fantaisie et gourmandise

Mais cela ne sert qu'à encadrer le principal : les légumes cultivés pour

être consommés, et pas seulement pour le spectacle, avec, si possible, des variétés locales comme l'énorme chou de Saint-Saëns, qui occupe près d'un mètre carré par pied. « Stocké à la cave, la tête en bas, il se conserve tout l'hiver », dit Thierry de Vogüe, dont la gourmandise transparaît à chaque rang. « Les fèves sont mon régal et je n'ai pas beaucoup de concurrence autour de moi, mais je continue à les cultiver pour mon usage exclusif. Sinon, pour le reste, je partage avec mes deux jardiniers. Nous avons dix petits-enfants et deux de mes sœurs n'habitent pas loin. Elles-mêmes ont de nombreux petits-enfants alors, l'été, chacun vient se servir. Ce n'est pas toujours évident d'expliquer aux visiteurs pourquoi il y a des trous dans les rangs de salade ! Il arrive aussi qu'un pavot, une ancolie ou un tabac débarque au milieu des légumes. Mais comme il est absolument impossible de les discipliner, on les laisse s'installer où ils veulent. Cela donne une

***Stacchys lanata* ou oreilles de lapin avec les sauges *salvia horminum* roses bleues ou blanches bordent l'allée engazonnée.**

Connaissant la gourmandise du maître de maison, les jardiniers G. Louvet et D. Hauduc sélectionnent avec soin les flageolets plantés entre les carottes et les poireaux.

Nullement impressionné par la débauche de couleurs, le chat poursuit, indifférent, sa tournée d'inspection.

petite note de fantaisie. J'ai essayé toutes sortes de cucurbitacées, les potimarrons et autres. Mais il n'y a vraiment que le rouge vif d'Etampes qui fasse une bonne soupe. Ce qui fait le goût du légume, c'est la fraîcheur, pour autant qu'il soit cueilli au bon moment. Maintenant, avec un congélateur, vous pouvez manger toute l'année des haricots verts et petits pois frais. La seule chose originale serait peut-être cette petite courgette dont les fleurs font de si bons beignets. Avec le basilic, ce sont des concessions (bien agréables) à mon épouse Béatrice, d'origine italienne. » Et le maître du potager vous donne la recette et la façon de procéder avec, dans les yeux, une étincelle née du souvenir du goût évoqué. Si ce potager est d'abord un jardin utile, il est surtout un jardin de plaisir !

Sage équilibre d'une facade à l'ordonnance classique mise en valeur par la grande pelouse.

Les grands hommes de Miromesnil

Le château de Miromesnil date de la fin du XVIe et du début du XVIIe siècle. Il a été construit sur les ruines d'un château féodal détruit à la bataille d'Arques-la-Bataille en 1589. La famille Dyel de Miromesnil, renonçant à reconstruire un château fort, choisit un espace plus vaste pour y construire un bâtiment au goût du jour. On remarque en particulier des fenêtres et lucarnes très ouvragées.

A l'aube de la Révolution, ce château était habité par le marquis Armand Thomas Hue de Miromesnil, ministre de la Justice de Louis XVI. En 1780, il abolit la « question », c'est-à-dire la torture infligée aux condamnés pour obtenir des aveux supplémentaires. Cette initiative, courageuse pour l'époque, le rendit très populaire et lui permit de survivre pendant la Révolution et la Terreur. Il mourut sur ses terres en 1796.

Le souvenir d'un autre homme célèbre est attaché à ce château, c'est celui de Guy de Maupassant, né ici le 5 août 1850 comme en attestent les registres d'état civil. Malgré de nombreuses versions contradictoires, des documents retrouvés par la Société des amis du vieux Dieppe prouvent la présence de la famille Maupassant à Miromesnil de septembre 1849 à fin 1853. Par les registres paroissiaux, on sait également qu'il a été ondoyé dans la chapelle de la propriété et baptisé à l'église paroissiale de Tourville-sur-Arques. Mais il avait sans doute peu de souvenirs de son séjour ici puisqu'il en partit à l'âge de 3 ans et n'y revint qu'une fois, en 1882, avec son ami Pinchon. Les Vogüe ont également rassemblé à Miromesnil des souvenirs familiaux concernant le maréchal Lannes, duc de Montebello, l'un des maréchaux favoris de Napoléon, et Albert de Mun, académicien et parlementaire démocrate chrétien de la fin du XIXe siècle.

Regard clair, moustache généreuse, hommage de pierre à l'écrivain Guy de Maupassant né à Miromesnil.

Le potager de Miromesnil
est ouvert du 1er mai au 15 octobre, tous les jours sauf le mardi, de 14 heures à 18 heures. Il se situe à 8 kilomètres au sud de Dieppe (Seine-Maritime). 30 F par personne, 20 F de 10 à 17 ans et gratuit pour les moins de 10 ans. Visite guidée le matin pour les groupes, sur rendez-vous.

Château de Miromesnil,
76550 Tourville-sur-Arques.
Tél. : 02 35 85 02 80.
Fax : 02 35 85 02

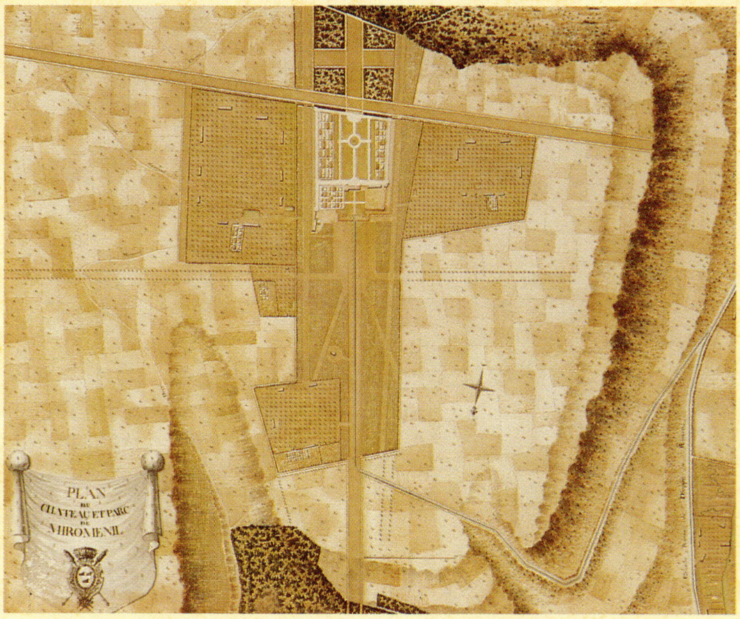

Précieux plan d'ensemble, une synthèse du domaine.

Bosmelet

rigueur et fantaisie

Dans le carré ambre, on trouve des tomates Galina, Yellow Ruffled, ananas, du fenouil pourpre, des soucis Lemon Giant, des capucines abricot, acajou, pêche-melba, des haricots major, des pavots Yellow Peony et de l'hélianthème.

Page de droite : ***Le carré Ivoire au printemps. Après une succession de géranium blancs, Sanguineum Album, Pratense Galactic et Sylvaticum Album, le jeune feuillage des pavots White Cloud s'aligne à côté de l'échalote.***

Au château de Bosmelet, le monde végétal et le monde minéral sont inséparables. Difficile de dire ce qu'il y a de plus remarquable. Est-ce l'ensemble des bâtiments, constitué du château, de la chapelle et de l'orangerie, ou l'avenue de tilleuls plantés en 1715 ? En fait, tous les éléments du site se tiennent, et c'est dans cet esprit de cohérence que Robert et Laurence de Bosmelet ont inscrit leur projet de replantation du potager, car ils mènent de front la restauration du château et celle du parc.

L'indispensable complicité de Robert et Laurence de Bosmelet leur a permis de créer un potager multicolore.

Construit en vieilles briques roses et pierres de taille, le château est serti par des arbres de haute futaie plantés sur plus de 2 kilomètres, d'après les projets de Colinet, premier jardinier de Le Nôtre à Versailles. Les cent soixante et onze tilleuls de l'allée culminent à près de 40 mètres. Pendant la Seconde Guerre mondiale, le haut commandement allemand choisit ce calme domaine pour y installer ses rampes de lancement de V1 et V2 diri-

Le carré Ivoire en juillet. Au pied des pavots White Cloud, un rang d'échalote sépare en deux la centaurée Florence avant de laisser place aux radis White Breakfast et la bourrache alba.

Sagement posée sur cet immense champ coloré, la symétrie classique de Bosmelet s'entoure de l'exotisme d'un potager inattendu.

gées vers Londres. Découvert par les Alliés, ce site stratégique fut bombardé. Près de deux cents bombes tombèrent sur la propriété, éventrant le château et détruisant de nombreux arbres.

Influence britannique

C'est la mère de Robert de Bosmelet, d'origine anglaise, qui se lança dans la grande aventure de la restauration du château. On pourrait même dire la reconstruction, tant la tâche était grande !

A gauche :
Le carré Saphir en juillet. La bourrache bleue entoure les tipis entrelacés de pois de senteur Royal Blue, Géant Spencer Blue et nimbus. Les haricots Purple Queen se mêlent ensuite aux bleuets Florence et Blue Boy. Un ceanothe Comtesse de Paris termine l'ensemble.

Le potager asiatique

Robert de Bosmelet, avant de s'installer définitivement dans son château de Normandie, a travaillé longtemps pour le commerce extérieur. Licencié de japonais, il entretenait avec ce pays et ses habitants des rapports privilégiés. Ses amis, au retour d'une visite en Europe et d'une escale normande, lui envoyaient régulièrement des graines et les recettes « assorties » car, chez les Bosmelet, le goût et les couleurs sont indissociables. C'est ainsi qu'est née l'idée du potager asiatique. Il prend la suite du jardin de narcisses en été et en automne, car les légumes asiatiques ont un développement spécialement rapide. On y trouve toute une gamme de choux, oignons, radis, perilla pourpre et vert prisés dans la cuisine d'Extrême-Orient. Ce potager rassemble environ 500 choux chinois pe-tsaï, pak-choï mizuna et mibuna.

Graines japonaises pour échanges de culture.

Et, comme tous les Britanniques, par amour des fleurs, elle planta dans l'ancien potager les premières « mixed-borders ».

Sa belle-fille Laurence a pris le relais et a complètement remodelé l'hectare de ce potager clos de murs. Une allée centrale, accueillant un bassin et une statue de la déesse Déméter, partage le potager de l'espace du jardinier dans lequel on trouve les châssis, la pépinière, le jardin de narcisses auquel succède le potager asiatique ; de l'autre, c'est le potager arc-en-ciel, palette extraordinaire

Chou frisé Brassica crispa F1 Osaka white.

composée de fleurs et de légumes se déclinant selon les couleurs. Une fois de plus, il est difficile de dissocier le végétal du minéral. D'ailleurs, Laurence de Bosmelet a choisi de baptiser chaque carré d'un nom de pierre ou de matière précieuses. Saphir, ambre, grenat, ivoire : c'est tout le programme de ce potager qui décline la gamme chromatique. Elle se réfère tout le temps aux couleurs dominantes du château qu'on aperçoit par-dessus les murs de brique rose qui entourent le potager. Ainsi, on retrouve le gris-bleu des ardoises, les pierres de taille et le sable du mortier qui assemble les briques roses. C'est un perpétuel mariage entre la rigueur du dessin inspiré du XVIIe siècle et la fantaisie et l'imagination artistique de la propriétaire.

Des goûts et des couleurs

Pour assembler chaque couleur à sa voisine, chaque rectangle se répond. Ainsi, dans les parcelles ivoire et grenat qui se font face, on trouve selon la floraison saisonnière plusieurs variétés de choux d'ornement aux cœurs rouges ou blancs, des poirées à carde rouge ou blanche, des centaurées blanc pur ou roses, des bleuets marron foncé ou carmin, des pavots à fleur de pivoine ou de nombreux hydrangeas qui ponctuent et entourent les rangs d'oignons, échalotes, petits pois, radis, laitues...

Ambre et saphir, de l'autre côté de la pergola recouverte de roses, affrontent leurs coloris très contrastés. Du côté de l'ambre, on trouve toutes les tonalités de jaune et d'orange dans les dahlias, capucines qui accompagnent les cucurbitacées et autres courges tandis que les rectangles saphir accueillent les choux vert bleuté, violacés, pourpres, les

En septembre les asters ericoïdes Pink Star, les hémérocalles fulva et les chrysanthèmes rubellum prennent le relais. Au fond, la rivière de dahlias forme une tache de couleurs vives.

Le carré Grenat en juillet. Pavots Pink Bombast côtoient les oignons Brunswick et les radis Falco avnt de laisser la place aux bleuets Punkie et Black Boy et aux pois de senteur Painted Lady.

artichauts violets de Provence, les haricots à gousse violette ou les poireaux au feuillage bleuté, associés aux herbes aromatiques, romarin, sauge ou lavande.

Ce potager arc-en-ciel rassemble deux cents courges, plus de cinq cents choux d'ornement et mille sept cents choux brocolis et choux-fleurs. Il a été conçu pour qu'en toute saison il y ait un point d'intérêt : au moment d'éclat d'ivoire et de grenat, à la sortie du printemps et au début de l'été, succèdent les floraisons automnales des cucurbitacées et choux des rectangles ambre et saphir.

Et pour encadrer ce damier coloré, le potager arc-en-ciel est cerné de « mixed-borders » assorties à la couleur du rectangle voisin. Et comme pour Laurence de Bosmelet les correspondances ne s'arrêtent pas à la vue, elle associe le goût et les couleurs, car elle veut qu'on retrouve la cohérence de son jardin jusque dans son assiette. Ce qui est beau doit être bon et vice versa.

Pour cette création aussi artistique que savante, elle a bénéficié des conseils du paysagiste Louis Benec'h qui envisage d'installer dans le pendant du potager, également clos de murs du XVIIIe siècle, le jardin des découvertes. Ce nouvel espace rassemblera une collection d'arbustes introduits en Occident par les explorateurs botanistes français à travers les siècles. Reliant ces deux jardins, la cour d'honneur du château était jusqu'à il y a peu de temps une grande prairie laissée au bon vouloir des moutons. Toujours dans l'esprit du mariage entre pierres et plantes, Laurence de Bosmelet a eu l'idée de reprendre le dessin des alliances brique et silex de la façade pour tracer, au milieu des graminées de la prairie, des allées engazonnées en forme de croix de Saint-André ponctuées de cœurs associant fleurs et céréales. Encore une façon d'exprimer les rapports entre les bâtiments et la nature, le passé et le présent, l'esprit de rigueur et toute l'imagination artistique de la maîtresse des lieux.

Le potager du château de Bosmelet (Seine-Maritime), est ouvert du 15 juin au 15 septembre, tous les jours sauf les lundis et mardis, de 13 heures à 19 heures. Il est également visible sur rendez-vous pour les groupes de plus de quinze personnes. Plein tarif : 30 F, gratuit pour les moins de 16 ans. L'accès routier depuis Rouen se fait par la RN 27, prendre la sortie direction Auffay.

Château de Bosmelet,
76720 Auffay.
Tél. : 02 35 32 81 07.
Fax : 02 35 32 84 62.

Architecture

de verdure

OU LES ÉPHÉMÈRES CONSTRUCTIONS VÉGÉTALES

Les règles des cinq ordres de Vitruve peuvent-elles s'appliquer en matière de jardin ? Dans les grands jardins du XVIIe siècle, le trait de l'architecte domine les formes naturelles des plantes.

François Henri d'Harcourt, dans son *Traité de décoration des dehors, des jardins et des parcs*, rédigé vers 1775, mettait en garde contre le fait que l'art des jardins était « abandonné aux architectes qui l'ont soumis à la régularité et ne le traitent que comme un accessoire ». Pour lui, « décorer un jardin, c'est rapprocher dans un moindre terrain les beautés qu'elle a fait naître dans un plus grand espace ».

C'est pourtant à partir des principes d'architecture et d'une façade restante du monumental château d'Harcourt que son descendant créera ses jardins ! Structures architecturales et décors de pierre sont également la base des jardins de Brécy dont le nom du génial créateur est hélas ! perdu. Quant à Bailleul, ce sont la puissance des arbres et le dessin du parc qui mettent en valeur l'architecture Renaissance du château et les sculptures contemporaines du parc.

La verdure se prête donc à la matérialisation des rêves de l'homme et à l'épanouissement de son imagination. Elle traduit une quête spirituelle et symbolise la recherche d'un équilibre idéal. A Brécy, on monte lentement vers la porte du paradis, sans oublier de soigner son parcours terrestre. A Thury, on n'oublie pas le passé, mais on y plante les fleurs qui font renaître la vie. Et à Bailleul, on se sert du passé et de son cadre fastueux pour mettre en valeur l'art contemporain. L'inspiration des jardiniers normands apporte chaque fois une pièce importante au gigantesque puzzle de l'art des jardins, pour traduire l'aspiration des hommes à l'éternelle quête du beau.

Barbara Wirth a su redonner à Brécy le lustre du XVIIe siècle, n'hésitant pas à attaquer de front les problèmes immenses de la remise en état du jardin.

Brécy
Un jardin réversible

Merveilleux équilibre de pierre dans ce jardin imprévu où sculpture et végétation s'unissent pour créer un lieu inédit.

Savoir faire le bon choix

Pour les amateurs de bordures, parterres et broderies de buis, utilisez le Buxus suffructicosa. Ce buis sans collet se multiplie par éclats. Enfouissez-les aux deux tiers de leur hauteur pour que les nouvelles racines se reforment à partir des rameaux ainsi enterrés. Pour obtenir de beaux pieds bien fournis, incorporez comme engrais à votre terre de plantation du sang séché que l'on trouve maintenant en boîte en jardinerie. Les résultats sur les buis seront immédiats et durables.

Barbara Wirth et son mari ont eu un véritable coup de foudre pour Brécy en 1992. Pour eux, c'était un cadeau du hasard, insoupçonnable au premier regard, complètement envoûtant dès qu'on le connaît. L'extravagant porche, digne du faubourg Saint-Germain, qu'on découvre au sortir d'un virage, est le seul indice qui permette d'imaginer la magnificence et la sophistication des jardins qui se cachent derrière la maison.

C'est l'un des seuls exemples connus de jardin XVIIe en France. Dans son *Itinéraire sentimental des châteaux de Normandie,* Jean de La Varende décrivait Brécy ainsi : « La cour s'ouvre, enclose, une enceinte de ferme malgré l'arc de triomphe et, derrière, s'élèvent et s'étendent les terrasses qui, comme des marches immenses, s'élèvent pas à pas sur la colline. Bien faible dénivellation mais à qui la succession de trois ou quatre terre-pleins confère une émouvante majesté. On ouvre sur le ciel. »

Sans doute la légèreté de la grille en fer forgé qui ferme la perspective en haut des terrasses symbolise-t-elle cet accès au paradis, but des hommes et particulièrement des jardiniers qui ont toujours voulu recréer l'Eden.

Du haut du lanternon, l'ordonnancement spectaculaire des terrasses. Précision géométrique, angles calculés, volumes équilibrés, tout concourt au souffle créatif du jardin de Brécy.

Portes ouvertes sur le ciel, portail donnant sur l'infini, à Brécy, la promenade réserve à chaque pas une découverte inattendue.

Le double regard des lions bicéphales marque le centre du jardin et surveille jalousement plantes, sculpture et château.

Tourné délibérément vers la représentation de l'art, bouquet de pierre de Creully, la pierre calcaire de la région de Caen.

Fleurs de pierre

Avant cela, chaque terrasse, avec son décor propre de pilastres, vases sculptés, pots à feu, est une œuvre d'art à elle seule.

Le raffinement de ce décor, la rigueur du dessin sont certainement ce qui a séduit Barbara et Didier Wirth qui se sont lancés dans d'énormes travaux de restauration, avec l'aide des Monuments historiques. « D'abord, dit Barbara Wirth, il a fallu faire une reprise complète du travail de gros œuvre pour consolider toute l'infrastructure. On a posé des drains, reconstruit des escaliers, refait le faîta-

ge des murs. Bref, tout un travail qui ne se voit pas mais qui était indispensable. Ensuite, on a redessiné certains parterres pour qu'ils soient logiques par rapport aux escaliers. Enfin, on sélectionne les plantes pour que la forme de leur feuillage, la couleur des fleurs mettent en valeur ce fabuleux décor de pierres. Aussi, petit à petit, je supprime tout ce qui n'est pas blanc, bleu ou vert. » La passion de la botanique est ancienne chez Barbara Wirth. Dans son jardin breton, elle se laisse aller à plus d'exubérance mais, ici, tout doit être en harmonie et mettre en valeur le dessin génial de son créateur.

Lion jaloux des secrets du jardins, gardien féroce des plantes rares et choisies.

Courbes souples et bien taillées, dessins de broderies au tracé délicat, tout est là pour flatter l'œil.

Double regard

Dans ces terrasses étagées qui, depuis le château, déterminent l'esprit du jardin, le végétal et le minéral sont intimement liés par un subtil jeu d'escaliers, de colonnes, de pots à feu et de perspectives renvoyées. Le regard des lions bicéphales, qui marquent imperceptiblement le centre du jardin, surveille le visiteur qui découvre les deux bassins aux fontaines d'artichauts récemment construites. Leurs regards indiquent qu'il y a deux visions de l'espace. Celle qu'on a en montant, rythmée par des horizontales de pierre ponctuées de verticales de végétation, et celle qu'on a en descendant, composée de lignes de verdure, éclairées par les verticales des sculptures de pierre. L'« ouvrage » est aussi beau à l'envers qu'à l'endroit, signe de raffinement extrême.

Artichaut fétiche

Cela aurait pu être ennuyeux si l'on s'était contenté de reproduire sans esprit. Barbara Wirth préfère utiliser le décor pour le faire vivre. Ainsi l'artichaut, motif omniprésent dans l'architecture du lieu — on en trouve même deux sur le clocher de l'église attenante —, existe sous sa forme végétale dans les bordures mais aussi dans les bassins que de nouvelles fontaines en forme de pyramide d'artichauts viennent animer.

Le pied de la maison est occupé par des parterres de broderies de buis ponctués par des orangers en caisse. Les terrasses de verdure soulignées de sentinelles de buis taillées en cônes ou en pyramides et de bordures fleuries s'étagent et conduisent naturellement au potager et au fruitier situés hors de la composition centrale, fermée par une grille finement ouvragée ouvrant sur le ciel.

Cette étonnante succession de volumes cernés de murs rassemble à la fois les influences du jardin clos du Moyen Age, le goût et les décors de la Renaissance italienne et les prémices de l'ordonnancement classique du XVIIIe siècle.

Le contraste que forme ce jardin sophistiqué au milieu des champs alentour ajoute à la surprise du visiteur. Tous les propriétaires de Brécy se sont demandé ce qui avait poussé le créateur de ces jardins, un magistrat de Caen, Monsieur Lebas, lorsqu'il édifia, dans le deuxième tiers du XVIIe siècle, cette gentilhommière aux dimensions modestes par rapport à la démesure du portail et à la splendeur des jardins. L'opulence du décor végétal n'a rien à voir avec la maison. Il faut dire qu'au fil des ans, celle-ci a peut-être perdu de son allure. Des tra-

L'artichaut

De la famille des composées, l'artichaut, ou Cynara scolymus, est un vieil habitué des jardins. Originaire d'Orient, il est introduit en France à partir du XVe siècle. Le botaniste Charles de Lécluse en signale en 1550 à l'état sauvage au Portugal, en Castille et dans les îles Canaries. C'est la forme cultivée du cardon sauvage.

Herbacée vivace, le frileux artichaut craint le gel. Il trouve dans la douceur tempérée de l'Ouest un climat à sa convenance pour développer ses feuilles en forme d'écailles poussant autour d'un réceptacle charnu tant apprécié des gourmets. Sa culture en sol humide et frais, comme sa multiplication par graines ou, le plus souvent, par des œilletons prélevés sur les pieds mères sont faciles à réaliser. Cependant, il faut avoir la patience d'attendre trois ans pour récolter ce qui fut longtemps appelé, à tort, les fruits de l'artichaut.

Souvent employé pour son port majestueux et le caractère décoratif de son feuillage cendré, l'artichaut a une production étalée sur plusieurs mois. Pour peu qu'on le laisse pousser, une somptueuse fleur d'un bleu éclatant donnera une note originale à un bouquet de fleurs des champs.

L'artichaut le plus recherché est le « gros vert de Laon », au fond plus large, suivi de près par le « Camus de Bretagne ». Jeune, il se consomme cru, en poivrade ou à la croque au sel.

L'artichaut se distingue par sa couleur — blanche (Scolymus alba), violette (Scolymus violacea), rouge (Scolymus rubra) — mais aussi par son origine géographique : vert de Provence, gris de Perpignan, rond d'Angleterre, sucré de Gênes.

Les feuilles de l'artichaut étaient utilisées autrefois pour faire cailler le lait et le mot « artichaut » fut utilisé pour désigner d'autres plantes comme l'artichaut des Indes pour la patate douce, l'artichaut de Jérusalem pour le topinambour, l'artichaut de Barbarie pour le giraumont (Cucurbita mavema) ou l'artichaut des toits pour l'Onopardum acanthuium.

L'artichaut, plante fétiche de ce jardin.

vaux récents de charpente ont dévoilé aux propriétaires la base d'un lanternon. Les dimensions des piliers ont permis d'imaginer sa silhouette qui vient désormais orner le toit. Et, comme un point sur un « i », c'est un artichaut qui coiffe la couverture de ce merveilleux observatoire où le jardinier dessinateur peut admirer l'audace de cette cascade de pierres, de plantes et de fleurs.

Les jardins de Brécy
sont ouverts de Pâques
à la Toussaint les mardis,
jeudis et dimanches,
ainsi que les jours fériés
et les samedis de juin,
de 14 h 30 à 18 h 30.
Ils sont situés entre Caen
et Bayeux, carte Michelin 54,
pli 15.

Thury-Harcourt

Les principes de l'architecture appliqués au végétal

Charme mystérieux des allées couvertes, tunnels végétaux où jouent ombre et lumière.

« Décorer un jardin, c'est parer la nature. C'est rapprocher dans un moindre terrain les beautés qu'elle a fait naître sur un plus grand espace. » Ainsi débute le *Traité de décoration des dehors, des jardins et des parcs,* écrit par François Henri d'Harcourt vers 1775. Il reste malheureusement peu de traces des savants aménagements que cet amateur éclairé avait réalisés autour de son château, lui-même détruit durant la dernière guerre. Le parc du château d'Harcourt ayant servi de champ de bataille, les descendants de François Henri d'Harcourt se sont interrogés sur l'utilité de recréer un parc qui n'accompagnait plus le château. Ils

Fleurs semées dans un savant mélange décontracté et pensé à la fois. Longs rubans de couleurs posés sur les pelouses.

La lumière rasante passe en transparence dans les pétales légers des delphiuns cosmos et des anuelles en mélange qui structurent le jardin de Thury-Harcourt.

ont pris le parti de redonner au parc le charme perdu, en laissant la trace des événements à travers les ruines de la façade Louis XVIII de ce qui fut la plus fastueuse demeure de Normandie car, pour eux, offrir aux visiteurs un beau jardin était faire œuvre utile.

Le soin des proportions

Pour redessiner ce parc, le duc d'Harcourt se basa sur une règle de proportions chère aux architectes, n'en déplaise à son ancêtre qui trouvait qu'on avait abandonné à ceux-ci l'art des jardins. Mais il prit soin de l'adapter au cadre sans changer la pente naturelle et autres « défauts » de la nature. Pour lui, « l'architecture, la peinture, la musique et la philosophie prêtent leur concours à la création d'un beau jardin. Le dessin relève de l'architecture, le choix des couleurs du peintre, le rythme des tonalités de la musique. Enfin, l'importance donnée aux espaces vides est le propre du philosophe. Le vide n'est-il pas un appel, un centre autour duquel tout s'ordonne ? Les fleurs doivent le plus souvent servir de parure aux espaces vides ».

Toujours dans l'esprit du traité de son ancêtre, le duc d'Harcourt replanta des allées gazonnées bordées d'arbustes à floraison printanière pour rendre la promenade agréable. L'allée des pervenches, l'allée des merisiers et l'allée de mai sont bordées de boules-de-neige, de seringas, de cytises, de forsythias, d'aubépines rouges et blanches ou de cerisiers du Japon. Les marronniers à fleurs rouges plantés à intervalles réguliers ponctuent le paysage. Les pelouses sont éclairées par des narcisses, des jonquilles et des anémones sauvages au début du printemps. A l'automne, ce sont des arbustes à feuillage cuivré et les cyclamens des sous-bois qui mettent une note colorée dans le paysage.

Jardins de saison

Cette promenade mène naturellement vers les trois terrasses aménagées à partir du pavillon de Fantaisie, construit en 1753 par l'auteur du traité. C'est ce charmant bâtiment qui, restauré et agrandi, est désormais la résidence de la famille d'Harcourt depuis l'incendie du château. Entre la roseraie qui s'étale devant les fenêtres du pavillon de Fantaisie, une terrasse engazonnée fait le lien entre le jardin de printemps et le jardin d'été. Les talus intermédiaires sont recouverts de plantes associées à des couvre-sols, qui assurent l'effet décoratif entre les floraisons.

Le jardin d'été est tout entier composé à partir d'une unité de mesure :

c'est la règle du nombre d'or qui a déterminé la largeur des allées, le diamètre du rond central et la largeur des quatre rectangles. Le centre, de 12 mètres de diamètre, fait trois fois la largeur des allées qui partagent en quatre rectangles la terrasse. Chaque axe conduit à des bancs de pierre, jadis marches du grand escalier du château. La rigueur du dessin des plates-bandes contraste avec l'apparent désordre des plantations.

Mariage des fleurs

C'est désormais la duchesse d'Harcourt, aidée d'un jardinier, Luc Debret, qui compose cette harmonie de plantes et de couleurs. Il ne faut pas moins de 7 000 plants pour renouveler chaque année les fleurs du jardin d'été. Dans les longues bordures, les asters prennent la suite des delphiniums pour donner à intervalles réguliers une note bleue. Les plantes hautes sont placées au centre des plates-bandes. Et tant pis si elles se tiennent mal, comme la malope, ces fleurs abondantes se mêlent ainsi avec leurs voisines. La légèreté des cosmos donne un effet de volume et de mouvement perpétuel à l'ensemble. Les fleurs ne sont pas choisies pour leur rareté mais pour le rôle qu'elles doivent jouer dans la composition.

Ce jardin a été pensé pour refléter l'harmonie et la beauté. Ce fut la façon du duc d'Harcourt de suivre la tradition familiale qui veut qu'on ne se laisse jamais vaincre par l'événement. Plutôt que de recopier le passé, il a choisi de créer quelque chose de vivant pour effacer les souvenirs de destruction sans oublier le passé. C'est toujours cette loi mystérieuse qui veut que les forces qui s'opposent sont aussi celles qui se complètent. De cette éternelle combinaison entre rigueur et fantaisie naît l'harmonie.

Les jardins du château de Thury-Harcourt sont ouverts de 14 h 30 à 18 h 30, de mai à septembre tous les jours, les dimanches et jours fériés en avril et octobre. 21 F en avril, mai, juin et octobre, 24 F en juillet, août et septembre, 7 F de 12 à 16 ans. Thury-Harcourt est situé au sud-ouest de Caen, carte Michelin 54, pli 15.

Château de Thury-Harcourt,
14220 Thury-Harcourt.
Tél. : 02 31 79 65 41.

Le « Traité de décoration des dehors, des jardins et des parcs »

Ce traité, rédigé aux environs de 1775 par François Henri, cinquième duc d'Harcourt (1726-1802), rassemble toutes les connaissances et les idées sur les jardins qu'on avait à l'époque. Sans s'encombrer de précautions oratoires, il explique qu'il n'y a que deux sortes de jardin : le jardin à la française et le jardin chinois, les Anglais ne faisant que copier — bien d'ailleurs — ce dernier style. Pour lui, les Français ont abandonné aux architectes, et donc aux mathématiques, le soin des jardins en oubliant le paysage alors que, pour l'auteur, décorer un jardin, c'est parer la nature, c'est rapprocher dans un moindre terrain les beautés qu'elle fait naître sur un plus grand espace. En cela, il traduit les idées de ses contemporains Jean-Jacques Rousseau en littérature, Hubert Robert en peinture, etc. Ce traité n'a rien d'abstrait. Il expose aussi bien les grands principes d'élaboration des parcs comme les moindres détails pratiques de plantation ou même d'utilisation des outils horticoles. Jamais publié du vivant de l'auteur, il le sera seulement en 1919. Son manuscrit est conservé à la bibliothèque municipale de Caen. La revue Art de Basse-Normandie a réédité ce témoignage exceptionnel sur l'art des jardins au XVIIIe siècle dans son n° 107, en 1996.

Bailleul

arbres, labyrinthe et art contemporain

Façade travaillée qui se mêle à la découpe du feuillage, Bailleul est intimement uni à son jardin.

Le château de Bailleul, posé au milieu de très beaux arbres, est déjà une sculpture à lui tout seul. Ce bâtiment Renaissance intrigue en plein pays cauchois où l'on est plus habitué à rencontrer des manoirs à pans de bois. D'allure défensive au premier regard, on est ensuite frappé par la débauche d'éléments décoratifs, d'une grande finesse, du porche, des lucarnes et des épis de faîtage. L'influence italienne est évidente, et pourtant le cadre est bien normand !

Claude Lenormand, le jardinier de Bailleul, taillant les charmilles à hauteur de son coude.

Cette propriété reflète bien l'esprit de la famille qui le possède depuis sa construction. Le grand vent ne souffle pas que sur le pays de Caux. Ici, les influences cosmopolites sont nombreuses. Kim Molzer, le mari d'Odile de Bailleul, s'occupe du parc depuis une trentaine d'années. Sans doute y retrouve-t-il les grands espaces de son enfance argentine. Sa formation d'architecte et sa pratique de la sculpture lui ont forcément fait apprécier les arbres majestueux et les proportions du parc, dont le dessin a évolué au cours des siècles.

Du parc à la française, très dessiné, il reste les grandes perspectives comme celle qui part de la cour d'honneur vers le village : une allée de 2 kilomètres bordée d'arbres ayant une trentaine de mètres de hauteur.

Étranges tortues aux formes douces et à la carapace lisse. Le gazon leur sert de terrain de jeu.

Un kilomètre de charmille

Le XIXe siècle y a amené des influences anglaises en assouplissant le dessin. Mais cela a détruit certaines symétries. Aussi, pour ramener le colombier dans le champ visuel, Kim Molzer l'a intégré au labyrinthe qu'il a planté. Celui-ci a nécessité près d'un kilomètre de charmille ! Pour qu'il reste lisible, il épouse la butte du colombier et est taillé à hauteur du coude du jardinier !

Kim Molzer a eu beau hérisser sa belle construction de « silhouettes de soldats » en verdure, celles-ci n'impressionnent guère les chevreuils qui se régalent des jeunes pousses. Et, pour eux, l'énigme du chemin ne pose pas de problème. Ils ont trouvé, sans difficulté apparente, les rosiers musqués placés comme des récompenses dans les chambres centrales. Ils n'en ont fait qu'une bouchée ! Désormais, ce sont des arbres pleureurs qui marquent l'aboutissement du dédale.

Comme une prolongation du labyrinthe, Kim Molzer a continué à décliner les verts dans un petit jardin d'herbes très structuré, installé dans

Dédale de taille rectiligne à l'enchevêtrement savant d'allées parfaitement tenues, car le labyrinthe n'admet pas de compromis.

Rythmes et sphères de verdure. pour allées engazonnées où il fait bon se perdre à trouver son chemin, noyé dans la verdure.

un boulingrin. Les contrastes entre les différentes plantes sont souvent mis en valeur par des espèces pourpres ou noires comme un certain basilic ou des ophiopogons qui dessinent des triangles avec un effet de treillage. « Une alliance chocolat-pistache », précise son auteur. Un jardin qu'il n'est pas le seul à aimer, et qu'il doit sans cesse protéger des fameux chevreuils, décidément gastronomes.

Carrés de verdure semés sur un parterre de graviers refermant les herbes aromatiques et condimentaires.

Les labyrinthes

Dédale créa, à la demande du roi Minos, un labyrinthe pour y enfermer le terrible Minotaure. Thésée tua le Minotaure et retrouva son chemin grâce au fil d'Ariane, fille de Minos.

Ce type de construction inspira plus tard de nombreux créateurs de jardins qui, dès l'Antiquité, intégrèrent dans leurs compositions des labyrinthes aux formes spiralées où « l'on pouvait se perdre agréablement ». Le parcours unicursal se trouve souvent représenté sur le pavage des cathédrales en décor de mosaïque, symbolisant la difficulté de la recherche du salut.

Dans les jardins du Moyen Age, les labyrinthes sont en vogue, tracés au sol en herbe comme en Angleterre, ou matérialisés en dallage de gravier de couleur. Les plantes basses définissent des allées aux dessins de plus en plus complexes, dans lesquelles « trouver son chemin » est un jeu recherché d'où la séduction n'est pas à exclure.

A la Renaissance, les labyrinthes de verdure aux végétaux plus hauts apparaissent et ce sont pour la plupart des buis taillés à la hauteur du genou ou de la cuisse qui forment les éléments séparatifs.

Les deux mots, « dédale » et « labyrinthe », sont utilisés indifféremment jusqu'au XVIIe siècle. Les labyrinthes, sous l'influence de dessinateurs inspirés, grandissent en taille comme en complexité. Les allées sont séparées de palissades de bois qui renforcent, en l'opacifiant, la trame végétale de charmes, d'ifs ou de buis taillés en charmille haute, véritables murs végétaux.

Aujourd'hui, les labyrinthes redeviennent à la mode ; des végétaux moins classiques en composent les dessins — graminées, maïs — qui forment des constructions éphémères, bambous dont les lignes verticales amènent une touche d'exotisme et épousent en souplesse les tracés les plus compliqués.

Cependant, malgré leur attrait et leur charme, les labyrinthes doivent être parfaitement taillés et entretenus. Attention donc aux dépenses d'entretien avant de se lancer dans l'aventure d'un labyrinthe, dont vous ne verriez pas le bout... des dépenses.

Galerie en plein air

Après ce passage très « civilisé », on atteint les grands espaces qui accueillent l'été des expositions de sculptures contemporaines. Kim Molzer explique : « Pour faire partager ce cadre magnifique, on a eu envie de jouer aux "galeristes" pour nos amis sculpteurs qui, depuis 1994, s'inspirent du lieu pour présenter une œuvre éphémère. Par exemple, Nils Udo avait imaginé, à partir d'une butte de terre et un arbre mort, la structure

Rêve de Diane sortant de l'eau, au savant drapé cachant mal une plastique idéale, propice au rêve.

Montant à l'assaut de structures de métal, les plantes du jardin de Bailleul ont inspiré ces feuilles de bronze d'une fontaine-sculpture de Kim Moltzer.

d'un gigantesque nid réalisé en tressage de frêne. Il en reste une en permanence mais c'est parce que le sculpteur Jean Clareboudt est mort subitement en 1997, et je n'ose plus la retirer. Il utilisait la pierre et le bois sous leur forme brute et dans leur dimension monumentale. Ici, il avait travaillé avec le bois, omniprésent, des éléments manufacturés comme cette poutre d'acier et les galets des plages proches pour le sol. »

Ces sculptures contemporaines dans un tel cadre peuvent surprendre et c'est un peu le but de cette démarche, car les propriétaires ont donné un autre contenu à la traditionnelle visite d'un monument historique dont ils ont la charge, au risque de bousculer un peu les habitudes touristiques. « Mais, dit Odile de Bailleul, j'ai redécouvert les proportions du parc en voyant ces sculptures monumentales dans le parc. Elles ne paraissaient plus si grandes et s'intégraient parfaitement dans le paysage. »

Tous ces éléments végétaux continuent à inspirer à Kim Molzer des meubles de jardin, des fontaines en bronze ou en bois comme ce banc-brouette, qui appelle à la contemplation tout en permettant de se déplacer et de varier les points de vue. La matière vivante et l'imprévu lui ont aussi donné l'occasion de transformer des souches en tortues topiaires. Lorsque, au milieu des cotonéasters qui étaient sensés camoufler les souches, des petits houx sont apparus, il les a taillés en boule pour figurer les têtes de tortues dont la carapace de cotonéaster fleurit au printemps. Décidément, sculpture et nature sont intimement liées.

Le parc de Bailleul
est ouvert du 1er juillet au 30 septembre tous les jours sauf le lundi, de 10 heures à 12 heures et de 14 heures à 18 heures. 20 F et 10 F pour les enfants de 6 à 12 ans.
Le parc est situé entre Bolbec et Goderville.

Château de Bailleul,
76110 Angerville-Bailleul.
Tél. : 02 35 27 77 87.

Comme les doigts de la main enfoncés dans le sol, les racines puissantes deviennent des sculptures.

Les Fossés cauchois

Les Fossés cauchois sont en fait un talus construit à partir de la terre d'un fossé qui se trouve toujours à l'intérieur de la propriété. On y plante au sommet une double rangée de hêtres. Ces arbres, qui en terrain plat ne font qu'une petite galette de racines, sont obligés de plonger très profond pour s'ancrer dans le sol. Ainsi, leurs racines se tricotent entre elles et forment un réseau très serré et solide qui sert d'armature au talus. Quand les fossés sont anciens, les racines remplacent peu à peu la terre et apparaissent en présentant un aspect de sculpture très spectaculaire. Ces Fossés cauchois sont des haies brise-vent qu'on trouve généralement à l'ouest et au nord pour protéger les cultures et les habitations. On estime qu'une haie protège un terrain large de dix fois la hauteur des arbres. Quand on sait qu'un hêtre adulte atteint une trentaine de mètres de hauteur, c'est donc une bande de 300 mètres de terrain qui est ainsi protégée. La mécanisation de l'agriculture nécessitant de grands espaces sans obstacles, ceux-ci disparaissaient de plus en plus. Mais des initiatives de replantation tentent peu à peu de reconstituer ces haies, aussi utiles comme protection au vent que pour retenir les eaux de ruissellement.

Jardins d'eau

Ou l'eau dans tous ses états

Point de jardins sans eau. Aussi indispensable à la vie de l'homme qu'à celle des plantes, c'est la sève d'un jardin. Mais elle peut être aussi son décor, si ce n'est même la vedette du lieu. Elle s'adapte à toutes les situations et, lorsqu'elle se laisse discipliner, obéit aux caprices des jardiniers. Elle peut rendre un site grandiose comme à Bizy, se laisser emporter par le charme romantique comme à Saint-Just ou se prêter à toutes les fantaisies ludiques comme à Vendeuvre. Et, dans tous les cas, elle apporte la vie, la lumière, la musique et le mouvement. Car, en plus du spectacle changeant, l'eau ajoute à un jardin une portée musicale.

Les croisés ramenèrent d'Orient la science de l'irrigation, les Maures d'Andalousie jouèrent avec la fraîcheur de l'eau des sierras pour créer jardins secrets et patios. Courante, naturelle, détournée, forcée, en bassin, de pluie, ruisselante, l'eau des jardins est partout présente, à la fois l'alliée mais aussi, dans ses excès, l'ennemie du jardinier.

Depuis la Renaissance, buffets et escaliers d'eau, canaux, fontaines, cascades et grottes n'ont cessé d'habiller les jardins. En Italie comme celui de la villa d'Este à Tivoli, ou en France comme à Versailles, en Espagne comme à Grenade et Cordoue, la symbolique de l'eau permettait d'évoquer tout le cycle de la vie. Elle traduit ainsi tous les états d'âme. Le ruisseau, la nature à son début, l'eau courante est le temps qui passe sans s'arrêter, les miroirs évoquent la sérénité et le calme qu'un moindre souffle viendra troubler, et les grottes, le refuge mystérieux et sombre, les cascades, la gaieté et la fête et le ruisseau, la nature à son début. Partout l'eau sera l'alliée et la maîtresse du jardinier. Pour la garder, il imaginera mille inventions, instruments et récipients. L'eau est la composante sans laquelle aucun jardin ne saurait exister.

Bizy

Élégance des pavillons où pierres et briques se mêlent pour renforcer l'alliance entres jardins et surfaces bâties.

Les rapports entre un château normand et une île bretonne peuvent paraître incongrus. Pourtant, à Bizy, les chevaux marins des fontaines monumentales sont là pour rappeler le souvenir des fastes du surintendant Fouquet. Sa disgrâce et son emprisonnement par Louis XIV sont en effet à l'origine de la propriété. Le petit-fils du surintendant regagna la confiance du roi par son attitude durant la guerre de Succession d'Espagne. Après de très longues négociations, le duc de Belle-Isle obtint en mai 1719, en compensation des sommes investies par son grand-père dans les fortifications de Belle-Ile, le Vexin normand, les comtés de Gisors, des Andelys, de Vernon et autres seigneuries dans le Maine et le Languedoc.

Dès qu'il est en possession de Bizy, Belle-Isle, aidé de son frère, entreprend d'agrandir et d'embellir son domaine. En 1723, il charge Desgots, gendre de Le Nôtre, de créer l'allée des Capucins qui va du château à la Seine. Devenu maréchal de France en 1741, il demande au célèbre architecte Constant d'Ivry de remplacer l'ancien château par un ensemble de bâtiments grandioses. C'est à cette époque que furent également créés le petit parc, les jardins et les jeux d'eau. Le petit-fils de Nicolas Fouquet avait hérité le goût du faste et de la somptuosité de son grand-père, ainsi que celui des réceptions ! Quand il reçut Louis XV et Madame de Pompadour en 1749, les fontaines devaient créer un décor qui faisait dire à Saint-Simon que c'était « une habitation digne d'un fils de France ».

Savoir se mouiller

Pour les milieux humides, le choix des plantes est essentiel. Lors de vos achats, sachez différencier les plantes émergées (Iris kaempferii, carex...) et les plantes immergées (lotus, nymphéas, nénuphars...). Pour les plantes aquatiques, ne plantez pas trop profond (entre 20 et 45 cm maximum). Plantez en eau calme. Les plantes et leurs fleurs s'accommodent mal des courants. Pour maintenir l'eau claire dans les bassins, il existe maintenant des circuits fermés dont le bombardement par ultraviolets des molécules des algues parasites évite l'envahissement intempestif des bassins.

Magnificence des chevaux marins, animaux chimériques, bondissants et bouillonnants comme les eaux de Bizy.

Escalier d'eau

Le trajet de l'eau, calculé en fonction du site et des bâtiments, est remarquablement encadré par la porte monumentale des écuries. De la fontaine de Gribouille, l'eau descend en marches successives jusqu'au bassin des chevaux marins, avant d'aller jouer dans la fontaine des Dauphins. Elle disparaît ensuite pour réapparaître dans un pédiluve en forme de violon au centre de la cour et resurgit en avant du château en un immense jet d'eau. Aujourd'hui, Madame Vergé, la propriétaire actuelle, a entrepris de très importants travaux pour rétablir ce circuit. Il faut encore un peu de patience avant de pouvoir admirer les

Puissant gardien du temps qui passe, entouré d'une dentelle de pierre finement sculptée.

chevaux marins crachant à nouveau. Ce qui est prévu pour l'an 2000.

L'histoire mouvementée de la propriété, passée du duc de Penthièvre à Louis-Philippe, explique les bouleversements qu'elle a subis.

C'est sous les dix-huit années du règne de Louis-Philippe, durant lequel il fit de nombreux séjours à Bizy, que le parc fut remodelé à l'anglaise. La plupart des arbres, aux proportions étonnantes, datent de cette époque. Mais, une fois de plus, l'histoire de France se chargea de bouleverser celle de la propriété. Lorsque les biens de la famille d'Orléans furent vendus aux enchères en 1858, c'est le baron de Schickler, encouragé par son beau-frère le duc d'Albufera, alors maire de Vernon, qui en fit l'acquisition. Ce sont toujours les descendants de cette famille qui possèdent Bizy et qui l'entretiennent avec beaucoup de soin.

Priorité aux arbres

Madame Vergé a repris le domaine à la suite de son père au début des années quatre-vingt. L'immensité de la tâche et des moyens à mettre en œuvre n'a pas réussi à venir à bout de son énergie. Elle tente de replanter les bois en gardant les perspectives. Mais celles-ci n'ont plus le même intérêt qu'avant car la ville de Vernon, si proche, masque désormais les vues sur la Seine qu'elles dégageaient. Madame Vergé a donc préféré s'atteler au parc et surtout aux fastueuses fontaines qui ont fait la célébrité du château.

Quand elle évoque l'entretien du parc au siècle passé, elle fait remarquer que nous avons une vision bien plus sophistiquée qu'avant de l'aspect d'un parc. « Les pelouses n'étaient fauchées qu'une fois par an, dit-elle. Seuls les bords étaient ras. On ne disposait pas de tondeuses ! » Par contre, elle parle du jardinier anglais en chapeau melon qui présidait aux destinées du parc à la fin du siècle dernier. Elle explique également que cela n'a jamais été un jardin de floraison. Les fleurs paraissent en effet dérisoires dans un cadre aux

proportions pareilles. Un catalpa âgé de plus de 200 ans et deux hêtres pourpres forment un décor grandiose sur la pelouse, à l'avant du château. Malgré tout, il y a des allées bien plus intimes, en particulier la promenade de Vénus qui amène vers les grilles de l'allée des Capucins, aujourd'hui route d'accès à Vernon. Sous la futaie de tilleuls et de chênes, un ancien jardin à

Les arbres du parc ont des proportions exceptionnelles.

la française a laissé quelques traces et les buis mélangés aux sous-bois donnent un aspect décoiffé et fantaisiste qui contraste avec le reste du parc. Il apporte, après les impressions grandioses, un calme reposant. Les sculptures puissantes et l'eau sans cesse en mouvement trouvent dans ces arbres un cadre à la mesure du faste de leur architecture.

Le château de Bizy

est ouvert du 1er avril au 1er novembre tous les jours sauf le lundi de 10 heures à 12 heures et de 14 heures à 18 heures et du 2 novembre au 31 mars, les samedis et dimanches de 14 heures à 17 heures, sauf les 24, 25 et 31 décembre ainsi que le 1er janvier. 32 F parc et château, 16 F pour les enfants de 16 à 7 ans, gratuit en dessous de 7 ans. Le château de Bizy se trouve à l'entrée de la ville de Vernon.

Château de Bizy,
27200 Vernon.
Tél. : 02 32 51 00 82.

Saint-Just

l'eau domestiquée

L'eau est encadrée par la pierre qui dessine en sous-bois un escalier mélodieux.

A Saint-Just, point de magnificence dans l'architecture si ce n'est celle des arbres. C'est une propriété accrochée aux falaises du bord de Seine. Plus qu'ailleurs, l'homme a exploité les caractéristiques naturelles pour créer un parc qui semble naturel mais où tout est calculé. Sa longue histoire y a laissé des traces sans qu'il y ait pourtant de ruptures. Chaque époque lui a apporté quelque chose sans détruire le passé. Il fut construit par une vieille famille normande, la famille de Croismare, puis passa au milieu du XVIIe siècle à la famille de Savary.

Pendant trois générations, les membres de cette famille exercèrent la charge de grand maître des eaux et forêts de Normandie. C'est à cette époque que le parc, structuré par des terrasses épousant le dénivelé du terrain, s'enrichit d'un système hydraulique très sophistiqué destiné, au départ, à canaliser les nombreuses sources qui affleurent.

Le confort « moderne »

En 1776, le château est acquis par le duc de Penthièvre, qui en fait une maison de repos pour ses vieux serviteurs. Il y loge jusqu'à soixante personnes et installe, dans les communs qu'il agrandit, des religieuses pour s'en occuper. A son tour, il améliore le domaine en construisant une ravissante petite laiterie selon les normes hygiénistes de l'époque. De cette époque date aussi l'abreuvoir à chevaux aux lignes gracieuses, et particulièrement profond. Dans le fond du parc, au point le plus sec, une glacière étonnante en forme d'œuf permet de conserver jusqu'au milieu de l'été la neige récoltée l'hiver. Celle-ci était utile, bien sûr pour la cuisine mais aussi pour un usage thérapeutique. C'était à l'époque une méthode pour faire baisser la fièvre et calmer les inflammations.

Vendu ensuite comme bien national, Saint-Just passe en diverses mains dont celle du général Victor Fanneau de Lahorie, célèbre pour sa liaison avec Sophie Hugo et par sa participation à la conspiration Malet. C'est alors que se tinrent à Saint-Just ce qu'on a appelé les « comités Moreau », réunions royalistes clandestines où se retrouvent des émissaires des princes, des représentants de Cadoudal et des amis du général Moreau.

Comme posée sur la falaise et dominant la Seine, Saint-Just, entouré d'arbres, garde son jardin comme un cadeau intime.

Créatures figées dans la pierre tendre, dauphins surgis des plantes sculptés avec finesse. Autant d'éléments qui complètent les jeux d'eau.

Un jardinier, des jardiniers

Tout parc qui se respecte a été dessiné par Le Nôtre, à moins qu'il n'ait été dessiné par un paysagiste anglais de renom. Tous les autres jardiniers sont tombés dans l'oubli. Les archives de Saint-Just permettent de restituer un maillage chronologique des hommes ou des « dynasties » qui ont travaillé dans le parc.

En janvier 1693, le pépiniériste Christophe Tommat prévient le responsable du jardin, un certain Riant, de la livraison imminente par bateau de sept cents arbres destinés à la plantation de l'avenue du château. En 1735, un document mentionne un jardinier du nom de Jacques Thorel. A l'époque du duc de Penthièvre (1775-1793), on cite Joseph Pérée comme garde-jardinier. Alors que Roger Voclain est chargé du potager, Guillaume Léon vient régulièrement faucher les foins et Jean-Joachim Monscavoir taille les haies et fabrique le cidre. En 1789, il est question de Joseph Voclain, fils de Roger, comme « jardinier de Saint-Just ». En 1827, il est à nouveau question de lui pour divers travaux dans le parc.

A l'époque du maréchal Suchet, on retrouve François Pérée, sans doute fils de Joseph, comme garde du domaine. En 1820, apparaissent un certain Verdier puis, en 1825, Belguise. Ce dernier est un jardinier de renom, sachant « tracer les plans » et dessiner des jardins à l'anglaise. Il a réalisé, entre autres, le jardin du château d'Ambleville. C'est lui qui est chargé par le maréchal Suchet de redessiner une partie du parc à l'anglaise.

En 1935, apparaît Camille Bignaud qui, à l'arrivée des troupes allemandes, sauva une grande partie de la bibliothèque en la transportant dans son logement. De 1945 à 1960, Léon Bignaud, son fils, lui succède. En 1960, arrive Roger Postel qui, aujourd'hui à la retraite, continue à cultiver son carré de potager. Tandis que l'histoire continue avec Da Silva et, maintenant, son fils Thierry.

L'ombre de Sophie Trébuchet

Dans *Le Roman de Sophie Trébuchet*, Geneviève Dorman évoque le charme du parc de Saint-Just. Son héroïne découvre avec ravissement et nostalgie des sensations mal oubliées de son enfance : vapeurs chaudes de l'étable et de l'écurie, senteurs entêtantes des fleurs de juin, lis et seringas, émerveillement devant la petite laiterie et les animaux qui hantent la pièce d'eau comme pour le réseau de petits ruisseaux artificiels.

Le domaine continua à être mêlé à l'histoire de France puisqu'il passa ensuite au maréchal Suchet, qui l'occupa tout le XIXe siècle, avant de passer dans la famille des propriétaires actuels en 1894.

Monsieur Lalloz, le propriétaire actuel, a entrepris depuis une dizaine d'années d'importants travaux pour retrouver ce que la nature a effacé. C'est ainsi qu'il a retrouvé récemment le buffet d'eau qui avait disparu sous une énorme couche de calcaire.

Ce sont souvent les archives qui nous expliquent le pourquoi des choses dans ce parc. Celles-ci sont importantes, elles sont contenues dans soixante-dix cartons ! Tout était

Thierry Da Silva, le jardinier actuel, avec le prédécesseur de son père, Roger Postel, qui continue à cultiver une partie du potager.

Elégants dessins de pierre
qui s'inscrivent au sol.

faisant jouer l'eau dans un véritable
« land-art » précurseur.

Les ordres du maréchal Suchet

« Le jardinier en entrant à Saint-Just s'engagera de tenir en bon état tout le parc, la grande avenue et les routes voisines des grilles [...]. Il sera payé à raison de six francs le cent de foin, les bottes devant être de 12 à 14 livres.

« Les potagers doivent fixer toute son attention. Avoir des couches pour qu'il y ait toujours abondamment toutes sortes de légumes, melons... Les fleurs des parterres et de la serre ont été beaucoup trop négligées jusqu'à ce jour. Il devra s'en occuper avec suite et attention, afin qu'il y en ait abondamment dans la belle saison. La conduite des grands et petits orangers ainsi que les autres arbustes le regarde particulièrement et il doit veiller à leur culture, leur entrée et leur sortie. Il doit préparer les changements de caisse lorsque c'est nécessaire [...]. L'entretien du verger doit l'occuper, afin que les arbres fruitiers y réussissent mieux. Il sera alloué au jardinier une somme de 1 200 francs pour tous gages de lui et sa famille, il ne lui sera alloué qu'un seul homme pour l'entretien du parc qui est le jeune Pérée et tous autres seront à sa charge. Il payera le jeune Pérée à raison de 30 francs par mois. Il sera chargé de l'entretien du cheval et de veiller à sa nourriture [...].

« Les herbes du potager seront données à la vachère pour la nourriture des vaches.

« Tous les fruits et les légumes sont pour monsieur le Maréchal, lorsqu'il habite au château. Sinon, ils doivent être vendus au marché de Vernon et le jardinier en tient compte. Les pommes de terre, haricots, lentilles, les fruits d'hiver sont envoyés à Paris, à l'hôtel. »

Sur l'étang translucide qui dévoile les plantes d'eau, deux cygnes se promènent.

conservé, jusqu'à la moindre facture. Mais ce sont surtout les procès de voisinage qui fournissent le plus d'informations. C'est comme cela qu'on apprend que c'est pour domestiquer l'eau des nombreuses sources qu'on imagina les chemins d'eau qui serpentent dans le bois. Tous ces petits canaux se réunissent pour former une cascade sur un buffet d'eau alimentant un grand miroir, dans lequel se reflète un monumental hêtre pourpre qui fait, à la base, plus de 9 mètres de circonférence.

On sait aussi que c'est un accident de chaise à porteur, provoqué par un mur en mauvais état, qui fut à l'origine de la création du potager. Les deux protagonistes se sont finalement mis d'accord pour éloigner le chemin et créer une voie nouvelle, libérant ainsi la place pour un nouveau petit canal alimentant une cressonnière.

Quant à la grande avenue qui mène au château, elle fut d'abord constituée par sept cents ormes, comme en témoigne la facture d'un horticulteur de Saint-Germain-en-Laye. Mais cela créa de l'ombre aux vignes des moines de Saint-Wandrille, d'où un procès qui nous permet d'imaginer sur les coteaux de la Seine le vignoble qui existait au XVIIIe siècle.

Les cygnes profitent du soleil sur la berge tandis que le printemps commence à s'étendre dans les bois.

Le parc du château de Saint-Just
est ouvert du 2 juin au 31 juillet tous les jours de 14 heures à 18 heures, et du 1er mai au 31 octobre sur rendez-vous pour les groupes. 15 F, gratuit jusqu'à 18 ans. Visite guidée tous les dimanches de juin et juillet à 16 heures. On accède à Saint-Just par la RN 15, à la sortie de Vernon, en direction de Rouen.

Château de Saint-Just,
27950 Saint-Just.
Tél. : 02 32 52 21 52.

Les feuilles du grand hêtre pourpre, dont le tronc fait plus de neuf mètres de circonférence à la base, apparaissent tardivement au printemps.

Vendeuvre
les fantaisies hydrauliques

Derrière les sentinelles végétales qui montent la garde, Vendeuvre se reflète dans le miroir changeant de l'étang.

Vendeuvre, « maison des champs » de la famille du même nom depuis le XVIIIe siècle, a traversé l'époque avec plus ou moins de bonheur. La guerre de 1939-1945 a bien failli anéantir cette propriété et son environnement.

L'esprit chercheur de Guy de Vendeuvre le fait se plonger dans les dessins des créations passées pour les recréer dans son jardin.

Depuis 1970, Guy de Vendeuvre et son épouse se sont lancés dans des travaux de grande envergure pour rendre à cette belle demeure, dessinée par Jacques-François Blondel un cadre adéquat.

L'architecte avait spécialement étudié le site avant d'implanter le château, qui devait remplacer en 1750 l'ancien manoir trop exposé à l'humidité et démodé au goût d'Alexandre de Vendeuvre, ingénieur du roi.

L'eau était déjà au cœur des préoccupations. C'était même le point de départ de toute l'histoire de Vendeuvre puisque, à l'origine, c'était une place forte qui commandait un pont sur la Dives. L'architecte choisit de construire un château, d'allure sobre sur l'avant, « pour éviter, dit-il dans son traité d'architecture, de jeter de la poudre aux yeux par une ornementation inutile et une façade démesurée qui nuise aux commodités intérieures ». Enfin, il plaça le bâtiment sur une pente de terrain « de telle sorte qu'à l'avant peu de marches donnent accès au vestibule, tandis qu'à l'arrière la vue est étendue à partir des fenêtres des salons qui dominent le miroir d'eau, les îles et au lointain les collines du pays d'Auge ». L'eau est donc toujours sous-jacente dans la vie de cette propriété.

Le musée du meuble miniature est installé dans l'orangerie du château.

La maison des passions

Guy et Eliane de Vendeuvre ont chacun leur passion. Pour elle, ce sont les meubles miniatures pour lesquels l'orangerie a été transformée en musée. Lui, ce sont les jardins qu'il s'emploie à créer depuis 1990. « C'est un peu ma danseuse, dit-il, mais après toutes les transformations dues à l'histoire, il fallait tout reprendre, alors pourquoi s'empêcher de rêver ? » Guy de Vendeuvre avoue ne pas avoir forcément la main verte, mais il adore concevoir, aller à la pêche dans les archives, les bibliothèques et, lors de ses voyages, visiter des jardins dans lesquels il puise son inspiration.

« Quand j'étais plus jeune et que je n'avais pas d'argent, je peignais et imaginais des paysages. Maintenant, des problèmes de vue m'ont éloigné des pinceaux et je me suis attaqué au jardin. J'ai une bonne équipe d'artisans avec qui je travaille depuis vingt ans à la restauration du château. Je fais des plans et des maquettes, on se réunit pour en discuter et ensemble on trouve les solutions techniques. »

Guy de Vendeuvre s'est toujours intéressé à la période maniériste. Aussi s'est-il inspiré des jardins de la Renaissance italienne qui raffolaient de ces mécanismes d'eau destinés à sur-

La sphinge, figée, regarde d'un œil amusé les multiples surprises du jardin.

Le musée des miniatures

Eliane de Vendeuvre, tout en partageant le goût de son mari par son château et ses jardins, a une autre passion : celle du mobilier miniature. Petite fille, sa marraine lui offrit un meuble de maîtrise, exercice de style des apprentis ébénistes avant qu'ils ne se lancent dans la réalisation de vrais meubles. Cet objet la fascina et l'incita à collectionner le mobilier miniature. Dans l'orangerie et dans le château sont présentés six cents petits meubles et plus d'un millier d'objets décoratifs miniatures, panorama à l'échelle réduite des arts décoratifs du XVIe siècle à l'époque Arts déco. L'horlogerie, les ivoires, les bronzes, les faïences et porcelaines à échelle réduite démontrent le savoir-faire des artisans à travers les siècles. Une pièce complète du musée est réservée à l'argenterie. Plus de cinq cents pièces évoquent tous les styles d'orfèvrerie à travers les siècles et les pays du monde. Une collection d'automates complète cet univers magique qui intéresse aussi bien les petits que les grands.

Mécanismes et autres jets d'eau

La tortue, symbole de longévité, est dotée d'un puissant jet d'eau claire.

Le principe de gravité reste le plus sûr moyen de déplacer l'eau ; cependant, depuis les temps les plus anciens, les jardiniers ont voulu en maîtriser les différentes sources d'approvisionnement. Si Ktésibios (300 av. J.-C.) mit au point la clepsydre, c'est Héron d'Alexandrie, mathématicien du Ier siècle après Jésus-Christ, qui consigna dans son traité Pneumatica les premières utilisations mécaniques visant à domestiquer l'eau.

Grâce aux découvertes d'Archimède (287-212 av. J.-C.), qui inventa la came, le ressort et la vis qui porte son nom, l'utilisation de l'eau dans les jardins va connaître une évolution spectaculaire. Les « machines à monter les eaux » et les différents mécanismes, parfois complexes que vont employer les ingénieurs utiliseront poulies, leviers, treuils, tuyaux et des ajustages compliqués équipés de parties mobiles. Mathématiques et inventions seront réunies dans le premier ouvrage Livre des systèmes mécaniques d'Ibn al-Rezzaz al-Jazari (1206) où sont décrits les jeux d'eau surprise et farces aquatiques à l'usage des jardins.

En 1270, Robert d'Artois se fit construire, dans son château de Hedin, un jardin plein d'automates où le promeneur déclenchait à son insu les mécanismes de commande des jets qui l'arrosaient copieusement... Dès le Moyen Age, les amusements de jardin sont recherchés. L'époque multiplie jeux d'eau inattendus où plaisir et curiosité se mélangeaient à l'humour, parfois déplacé, des jets d'eau.

Les fontainiers, pour remplir bassins, jets d'eau et fontaines, vont déployer des trésors d'ingéniosité comme à la villa d'Este à Tivoli (Italie), créée au XVIe siècle, où orgues hydrauliques, fontaines cascades et autres jeux d'eau spectaculaires apportent fraîcheur, gaieté et animation. Le principal souci de Vaux-le-Vicomte, comme de Versailles, fut l'approvisionnement des jardins en eau fraîche. On construisit le bélier de la « Machine de Marly » sur la Seine pour alimenter les canalisations et le détournement de l'Eure fut même envisagé.

Orchestres aquatiques, champignon d'eau, pluies mousses, cloches, volutes tulipes et girandoles, la science de l'hydroplasie n'a cessé d'évoluer. Aujourd'hui, pompes électriques et commandes électroniques évitent aux jardiniers le véritable casse-tête que connurent leurs prédécesseurs.

prendre, distraire et charmer les visiteurs. C'était, d'après le prince de Ligne, un type de jardin fait pour dérouter ses amis qui se prenaient trop au sérieux !

La cour d'honneur, reprenant le tracé d'un jardin classique à la française, ne laisse pas soupçonner la présence de l'eau et des surprises que réserve la partie du parc que l'on atteint après avoir traversé les jardins d'utilité. L'eau y est déjà très présente à travers un

La glacière, pyramide à l'ordonnance plus stricte, au porche dessiné aux lits de pierre savamment organisés rappelle aussi l'art du constructeur.

vivier, où étaient conservés les poissons destinés à la table du château, et un étonnant pigeonnier sans toit pour y créer une piscine pour les pigeons !

Jeux mystérieux

Perpendiculairement à la glacière, une allée conduit entre deux colimaçons de buis au jardin de plaisir. Une première étape conduit à la fontaine des muses rappelant la légende rapportée par Hésiode évoquant un jeune jardinier découragé venant chercher l'inspiration et le repos à la fontaine. S'étant endormi, il vit en songe un technicien du jardinage, un architecte, un peintre et un poète. A

L'arbre de cristal diffuse son brouillard dans toutes les directions, pour la plus grande joie des visiteurs arrosés.

Sage ordonnancement des parterres classiques créés pour être vus de l'étage et satisfaire œil et équilibre.

son réveil, il demanda aux muses d'avoir les qualités de ces quatre personnages nécessaires pour créer les plus beaux jardins du monde et but l'eau de la fontaine. Les muses en riant lui donnèrent la main verte. Un peu plus loin, c'est un arbre de « cristal » qui est censé diffuser par son brouillard de rosée un breuvage mystérieux donnant éternité et sagesse. Tout comme le temple de Sérénité dont on ne peut sortir sans qu'un anneau de pluie se déclenche et efface les problèmes, et libère l'esprit. Une jolie pagode, placée dans une petite île à l'extrémité du jardin, permet d'avoir une vue cadrée par le dessin de la petite fabrique. On rencontre

Noyés dans l'abondante végétation, le pont chinois, lui aussi plein de surprises liquides, donne un clin d'œil exotique au jardin.

ensuite sur son chemin une belle déesse farouche que Neptune avait changé en pierre pour la punir de s'être refusée à ses avances. Mais sous son sein de pierre continue à battre un cœur généreux qui coule en répandant des dons vivifiants. C'est ensuite au tour des tortues qui veillent depuis les temps les plus reculés à la fécondité de la terre. Le pont chinois évoque les amours d'une belle vaniteuse et d'un oiseleur. Devant l'indifférence de la belle, qui se mirait depuis le pont, les colombes s'étaient entendues pour cracher et troubler les reflets obligeant ainsi l'indifférente à comprendre l'amour de leur maître, l'oiseleur.

On passe ensuite dans une zone plus calme où l'eau n'est plus prétexte aux jeux. C'est plus une incitation à la contemplation et à la promenade durant lesquelles on rencontre cascades et ruisseaux avant de déboucher sur le miroir d'eau dans lequel se réfléchit le château. De l'autre côté de la perspective, une grotte aux coquillages dans l'esprit du XVIIe siècle ouvre sur une succession de futures chambres de fraîcheur. Car si Guy de Vendeuvre a déjà détourné l'eau de la Dives pour ses « joyeusetés hydrauliques », il n'a pas fini de rêver et de s'amuser à surprendre les visiteurs par de nouvelles inventions qu'il va pêcher dans les archives et les bibliothèques.

Les jardins de Vendeuvre
sont ouverts du 1er mars au 30 avril et du 1er octobre au 11 novembre les dimanches et fêtes de 14 heures à 18 heures, et tous les jours durant les vacances scolaires de ces périodes, puis du 1er mai au 30 septembre, tous les jours de 10 heures à 18 heures. 30 F, 25 F pour les scolaires et les étudiants. Gratuit jusqu'à 7 ans. Vendeuvre se trouve près de Saint-Pierre-sur-Dives, carte Michelin 55, pli 12.

Château de Vendeuvre,
14170 Vendeuvre.
Tél. : 02 31 40 03 83.

Les constructions de

A la manière du *Songe de Poliphile*, texte de la Renaissance italienne, qui offre un fil d'Ariane au promeneur pour décoder les allégories des jardins occidentaux, certains créateurs de jardins aiment transposer les courants philosophiques et les émotions de la vie.

Si le promeneur attentif veut comprendre le mystère qui émane de ces jardins et le message caché, il lui faut à la fois admirer et se laisser guider par ses réflexions.

A Canon, l'avocat Elie de Beaumont, grand défenseur des droits de l'homme, s'est créé un décor végétal digne de *La Nouvelle Héloïse* et des prémonitions visionnaires de Jean-Jacques Rousseau. A Vandrimare, Marie-Christiane de La Conté s'est inspirée des jardins médiévaux appelant les cinq sens à une réflexion actuelle sur le temps et le mouvement perpétuel. Quant à Roselyne et Robert de Roumilly, c'est le mythe éternel de l'enfer et du paradis qu'ils ont entrepris de matérialiser par des plantes. Il peut être aussi un jardin d'hommage comme celui d'Angélique à Montmain.

L'esprit

Comment cultiver la philosophie

Au siècle des Lumières, les jardiniers européens ont commencé à s'intéresser aux jardins chinois qu'ils trouvaient plus prompts à susciter l'émotion. Entre « tremplins vers l'imaginaire » et « asiles de sérénité », les définitions ne manquent pas pour ce type de jardin. Mais il faut avant tout au jardinier philosophe mettre les mains à la terre pour faire naître ses visions végétales. Désherbage et soins quotidiens au jardin sont une première étape vers la sérénité. On comprend mieux alors pourquoi les jardiniers considèrent leur espace comme l'antichambre du paradis.

Canon
le jardin d'un avocat philosophe

Antoinette de Carpentier veille jalousement sur les chartreuses éclaboussées de couleurs par les fleurs annuelles généreuses.

A Canon, on ne peut séparer parc et château. Le cadre de verdure créé par Elie de Beaumont autour du château de sa femme est l'exemple parfait des jardins de « sensibilité » tels que les beaux esprits du XVIIIe siècle les imaginaient. Quand il épousa Anne-Louise du Mesnil en 1760, il était déjà un avocat célèbre. L'affaire Callas, où il défendait une famille protestante, a élargi sa réputation de défenseur des opprimés et des droits de l'homme en général. Son amitié avec Voltaire et les philosophes de l'époque l'amène à découvrir l'Angleterre. C'est pendant ce voyage que le futur châtelain de Canon commence à s'intéresser aux dispositions de ces jardins anglais qui se multiplient en Angleterre comme en France depuis 1750, sous l'influence de peintres comme Claude Lorrain, Hubert Robert ou d'écrivains épris du retour à la nature comme Jean-Jacques Rousseau.

Itinéraire initiatique

Pourtant, ce goût de l'appariement naturel ne saurait faire oublier tout l'itinéraire initiatique que traduisent les fabriques, sortes de monuments miniatures dont certains exaltaient les valeurs des loges maçonniques de l'époque. On trouve régulièrement dans les jardins de cette époque des temples de l'amitié, de la sagesse ou de la vertu. La fête des « Bonnes Gens », instituée par Louise de Beaumont à Canon, allait dans ce sens phi-

L'élégante demeure d'Elie de Beaumont passe au travers du miroir d'eau et double l'image du bâtiment et du jardin.

Kiosques et fabriques

Si dans les jardins du Moyen Age fleurissaient arceaux, volières et ménageries, la fin de l'Ancien Régime et l'influence des philosophes virent surgir une multitude de petits bâtiments qui venaient compléter la composition des jardins. Constructions fantaisistes, de la plus rustique à la plus sophistiquée et bien souvent inspirées des monuments de Rome, faisant référence à l'Italie, la Chine ou l'Egypte, ces constructions symboles devinrent à la mode. Cette quête d'exotisme, ces évocations mythologiques, cette présence de l'Antiquité, voire de l'Histoire, connurent leur paroxysme dans les jardins du parc Monceau où, pour le duc d'Artois, Caramontelle céda à l'excès en truffant le jardin de fantaisies, d'amusements, de fabriques, de pavillons de bois, de temple d'amour et de gloire, de minaret, moulins, tente turque, tombeau étrusque et autres temples à l'antique.
Le plus souvent, ces édifices, solidement construits, venaient compléter le paysage. Etudiés en maquettes (comme celles du jardin de Lunéville, conservées au château d'Haroué), ils n'étaient pas le fruit du hasard mais l'aboutissement d'une mûre réflexion.

Étonnant équilibre du pavillon chinois à la transparence si légère, évocatrice d'espaces lointains.

Le pigeonnier transformé en petit temple de l'amour, amour de Cupidon, amour des jardins ou amour de la nature ?

losophique que notre époque qualifierait plutôt d'humaniste.

L'ordonnance du jardin reste très classique autour d'un axe majeur est-ouest qui traverse la cour d'honneur, le vestibule, le grand salon, le parterre, le miroir d'eau, le Laizon et remonte se perdre dans une allée de hêtres. Ensuite, deux axes transversaux : l'un partant de l'église du village toute proche croise l'axe majeur dans la cour d'honneur avant de desservir les communs, l'autre rejoint le temple de la pleureuse au kiosque chinois desservant les différentes fabriques qu'Elie de Beaumont et son épouse ont fait construire dans le parc. Le pigeonnier qui gênait la perspective est devenu mausolée. Un

kiosque chinois ferme la perspective nord tandis qu'au sud se trouve le temple de la pleureuse, édifié après la mort de Madame de Beaumont en 1783.

Salle de bains

L'élévation de l'esprit à travers le jardin n'empêchait pas les aménagements pratiques. Une série de treize enclos fruitiers, dont les murs élevés protègent du vent et permettent la maturation précoce des espaliers, des légumes et des fleurs, sera édifiée dans le prolongement de la ferme nord. Et, plus insolite, Elie de Beaumont se fit construire une salle de bains ! Il n'en reste trace que dans les archives mais, dans les courriers de l'avocat, retenu au loin par ses fonctions d'intendant aux finances du comte d'Artois, il insiste pour que celle-ci soit terminée pour l'été 1774. Il précise même que sa santé veut qu'il se baigne « de deux jours l'un ». Il précise également qu'il faut raboter la fenêtre en mangeant « deux ou trois pouces de la pierre, car vous sentez que l'agrément du bain est de voir la rivière sans en perdre une ligne ».

Enfin, le parc abrite tout un monde de statues et de bustes sur leurs piédouches, disposés au milieu des pelouses, autour du miroir d'eau et le long de la rivière dans le sous-bois. Certes, depuis la Révolution, les arbres ont grandi démesurément et donnent un air très romantique à cette partie du domaine. Par contre, les enclos fruitiers sont remplis de fleurs et leur côté très soigné contraste avec le reste. Si Voltaire revenait, il retrouverait à Canon l'ambiance qu'il admirait tant et pourrait dire à nouveau : « Dans mon jardin, je veux du peigné et du sauvage. »

C'est Antoinette de Carpentier, arrière-arrière-petite-fille d'Elie de Beaumont, qui se charge de l'entretien des Chartreuses. Elle laisse les travaux du parc à ses frères et neveux, les familles de Mezerac. Elle a un peu mauvaise conscience en pensant au grand-père qui cultivait les fruits à cet

Passages secrets de jardins à jardins, de fleurs à fleurs, où le charme des murs couverts de végétation vous prend dans la magie de Canon.

Les attributs du jardinier se retrouvent sur les facades du château.

Des amours de terre cuite dans les capucines animent le calme des pièces de verdure.

endroit, baptisé « Chartreuses » sans doute parce que les arbres qui y poussaient venaient d'un couvent de chartreux à Paris. Il est vrai qu'ils évoquent aussi les petits jardins clos des moines de cet ordre. Désormais, elle n'y cultive que les fleurs comme l'avait fait avant elle sa mère. « C'est juste un jardin de fleurs qui s'entendent bien », dit-elle. Les enclos, reliés entre eux par une série d'ouvertures en plein cintre, sont — théoriquement — distribués par couleurs.

Le tabac pour l'odeur

« Mais les plantes sont indisciplinées ! Je n'ai pas toujours le courage d'éliminer celles qui débarquent sans prévenir avec une robe d'une couleur différente. » L'un est jaune et blanc grâce aux marguerites, coréopsis et soleils, un autre orange avec des montbretias, soucis et eschscholtzias, un autre mauve et blanc avec des cosmos et fleurs de tabac. Antoinette de Carpentier aime particulièrement cette dernière plante à cause des odeurs qu'elle répand le soir dans ces « chambres de fleurs ». Après avoir reconquis certaines chartreuses que les ronces envahissaient, elle a installé, dans l'une une roseraie, dans une autre des arbustes à fleurs. Une autre est réservée aux capucines qui entourent un petit groupe de trois amours en terre cuite. La statue de Pommone, quant à elle, passe tout l'été au milieu d'une forêt de dahlias, de deux roses et, à l'automne, sédums et asters prennent le relais. « Il faut étaler les floraisons, comme le travail », dit la maîtresse des lieux. « C'est vers mars-avril que les choses commencent sérieusement, il faut préparer les plates-bandes, nettoyer, surveiller les premières fleurs, retirer les bulbes des narcisses et tulipes, pour faire de la place aux autres. Ensuite, ce sont les pivoines qui sentent si bon, puis il faut penser à tuteurer car, malgré les murs, le vent peut tout casser, spécialement les delphiniums A l'automne, il faut dédoubler les vivaces, rentrer les dahlias. C'est aussi l'époque des échanges entre jardiniers. Ici, j'ai une multitude de plantes qui sont le résultat d'échanges et de cadeaux et, moi-même, j'en donne aussi beaucoup. » La générosité est sans doute une qualité indispensable à tout bon jardinier et particulièrement ici sur les terres d'un avocat humaniste, philosophe et défenseur des droits de l'homme.

Pour les forts en thème

S'il est bon d'avoir un fil conducteur, une idée génératrice ou un thème défini pour l'élaboration d'un jardin, il convient d'éviter les allégories aussi illisibles que compliquées. Le bien et le mal, l'enfer et le paradis sont plus faciles à évoquer en littérature que dans les jardins ! Qu'il soit utilitaire ou ornemental, faites un jardin qui vous ressemble. N'ayez pas un jardin plus gros que votre brouette, car l'entretien et les soins constants prodigués à vos enfants verts seront les clefs de votre réussite. Fruit de votre imagination, votre jardin sera alors une pièce supplémentaire, un endroit bien à vous ou les mots secret, réflexion et équilibre ne sont pas exclus.

Aussi calmes que l'eau, les cygnes nonchalants parcourent à leur rythme les plans d'eaux secrets des sous-bois.

Les jardins de Canon sont ouverts de Pâques au 30 juin, les week-ends et jours fériés, de 14 heures à 18 heures et du 1er juillet au 30 septembre, tous les jours sauf le mardi de 14 heures à 19 heures. 25 F et gratuit jusqu'à 12 ans. Canon se trouve entre Caen et Lisieux, carte Michelin 54, pli 17.

Miserey

Un jardin du bien et du mal

Entourée de compagnons centenaires, Miserey trame, dans ce cadre végétal, un cadre idéal à sa mise en valeur.

Robert et Roselyne de Roumilly cultivent l'amitié comme leur jardin, avec générosité et enthousiasme. C'est en 1987, lorsqu'ils s'installèrent à demeure dans leur joli château de brique rose orange, qu'ils entreprirent de restaurer le parc.

Rien n'arrête la passion verte de Roselyne de Roumilly qui plante et fait pousser ses rêves.

En premier lieu, Roselyne de Roumilly a fait ce qu'elle appelle un jardin d'accueil. Ainsi, lorsqu'elle s'assoit devant sa maison, elle peut admirer ses mixed-borders foisonnantes. Cet éventail de fleurs et feuillages aux formes et couleurs variées semble ourler naturellement une pelouse verte, comme une vague la plage. Cette impression est sans doute renforcée par la présence en bordure d'une série de plantes à feuillage doré qui délimite les territoires. Ici, le gazon ras et, là, un savant fouillis de volume et de densité différents. Ce mélange à l'anglaise est le résultat du goût de la maîtresse de maison pour

les plantes bizarres et de ce qu'elle appelle, avec humour, les « Roumillacées », espèce inconnue en botanique traditionnelle résultant de l'échange des boutures qu'elle fait avec ses amis jardiniers.

Jardin de symboles

Ce cadre reposant est l'antichambre du parc dont il ne restait plus que le squelette composé de tilleuls et de murs installés au début du XVIIIe siècle. Il restait en particulier ces deux chambres formées par sept tilleuls plantés en cercle, ouvertes à l'est : la première à l'entrée du sous-bois, la seconde, placée sur un petit tertre, tout au bout du parc qui se finit en triangle. Ce sont elles qui ont inspiré aux propriétaires ce jardin à thèmes qui sert d'écrin aux collections de plantes étonnantes de la maîtresse des lieux. Avant de découvrir tous les symboles qui mènent le promeneur de l'enfer à l'Eden, on traverse le sous-bois qui fait passer de l'ombre à la lumière. « Même si celui-ci paraît naturel, il est le résultat d'un entretien sérieux car, dit Robert de Roumilly, s'il faut laisser la chance de fleurir aux belles sauvages, on ne peut pas laisser les vraiment mauvaises herbes tout envahir. » Et c'est l'arrivée en pleine lumière dans ce qui était il y a peu un vieux verger.

C'est en 1994 qu'il a fallu retirer tous les vieux arbres pour repenser l'espace que cernaient de vieux murs

Les brèches du mur laissent s'échapper le regard vers le monde extérieur, reculant ainsi les limites imposées du jardin.

Posées comme des maquettes aux lignes pures, église et remise attendent sagement dans la fraîcheur de l'ombre.

éboulés. Roselyne de Roumilly, en s'inspirant de ses lectures et en référence à Dante, a imaginé au milieu d'un jardin en croix, composé de quatre chambres, le trajet de l'enfer au paradis en passant par le purgatoire.

Jardin d'épines

Chaque plante placée ici a une raison d'être. La légende voudrait que les tulipiers qui dessinent le chemin vers l'Eden soient l'arbre préféré d'Eve qui en emporta une feuille « dans sa poche » quand elle fut chassée du paradis. Autour de cette allée centrale se dessinent tout d'abord les perspectives de l'enfer avec une collection d'épineux et de plantes urticantes plus méchants les uns que les autres. C'est un jardin dangereux. « D'ailleurs, précise Roselyne de Roumilly, beaucoup de plantes m'ont été données car elles n'ont pas leur place dans des parcs et jardins publics. »

On découvre ainsi des rosiers inimaginables comme ces rosiers chinois aux bois armés d'épines monumentales et qui prennent des couleurs de feu à l'automne. D'autres sont couverts d'un velours de petites épines insidieuses. Mais le plus méchant est sans nul doute le rosier aux voleurs dont les épines, recourbées à la manière d'un hameçon, blessent inévitablement celui qui y aventure la main. En alternance, on rencontre toutes sortes de berbéris, poivriers et églantines.

Même si ces plantations encore jeunes n'ont pas atteint des dimensions trop oppressantes, on a hâte de passer au purgatoire qui rassemble une rare collection de rosiers sans épines, les rosiers inermes. Ils s'épanouissent sur les murs que Robert de Roumilly remonte patiemment, à l'identique, tout en laissant parfois des brèches ou des créneaux, histoire de voir ce qui se passe dans le monde extérieur depuis le paradis. Au milieu des carrés, deux prairies faussement

Spectaculaires épines rouge transparent du Rosa Sericea Pteracantha.

Feuillage lumineux du rubus cockburnianus Golden Vale.

Chardon d'Ecosse offensif nommé Onopordum acanthicum.

sauvages symbolisent le serpent et le mal, toujours présent et possible à cet instant du parcours. Un rosier, dont les feuilles sentent à s'y méprendre la pomme rappelle une vieille histoire de tentation. Chaque plante est aussi choisie et placée pour la couleur de sa floraison et de son évolution dans la saison. Plus on avance et plus les teintes dorées évoquent les promesses de la Terre promise.

Le bruit des herbes

Et c'est ainsi qu'on arrive enfin sur ce petit tertre entouré de sept tilleuls monumentaux et qu'on peut s'asseoir à l'ombre pour admirer le chemin parcouru et l'œuvre d'un couple de jardiniers amoureux du lieu et de la vie. Sur le chemin du retour, Roselyne de Roumilly pense à semer des graminées car elle entend déjà le chant des anges lorsque le vent les fera danser. Son imagination et son enthousiasme entraînent sur des chemins de rêves qu'elle aime faire partager, mais qui s'enracinent dans le réel quand on réalise le travail quotidien effectué. Les commentaires de la jardinière sont indispensables à la visite de ce jardin très jeune car, avant qu'il n'arrive à maturité, il faut encore beaucoup de patience. « C'est un jardin de promesses », conclut Robert de Roumilly.

Le jardin de Miserey
est ouvert tous les dimanches, de l'Ascension au 15 août, et du début septembre au 15 octobre ainsi que sur rendez-vous pour les groupes.
Visite guidée à 14 h 30 et 16 h 30.
25 F, gratuit jusqu'à 10 ans.
Il est situé entre Pacy-sur-Eure et Evreux, sur la RN 13.

Château de Miserey,
27930 Miserey.
Tél. : 02 32 67 00 21.

Vandrimare
Un parcours des cinq sens

Vandrimare se détache au loin derrière la mare bordée d'iris, Euphorbia mellifera, Peltiphyllum peltatum, Phomis samia achillea x Moonshine, Œnothera speciosa.

Jardiner, c'est, pour Marie-Christiane de La Conté, le moyen d'avoir envie de vieillir. Quand ils ont repris la propriété avec son mari, en 1987, le parc venait d'être décimé par la tempête. Le quart des arbres était tombé.

Marie-Christiane de La Conté veille amoureusement sur son jardin. Là encore, créateur et jardin sont intimement liés par cette complicité qui rend certains jardins uniques.

Cette vieille propriété familiale située près de Fleury-sur-Andelle existait déjà à l'aube du XVe siècle. Les premières traces écrites mentionnent l'existence d'un parc dès le XVIIe siècle, agrandi au XVIIIe. A cette époque, il répondait à un schéma classique et régulier incluant tapis vert et perspectives axées sur le saut-de-loup. Sous le premier Empire, la mode lancée par Joséphine à la Malmaison bouleversa la façade du château comme le parc, qui se transforma en lieu romantique à l'anglaise. De très belles essences d'arbres furent alors introduites et il en reste certains qui atteignent des dimensions exceptionnelles, tel le magnolia si proche de la maison.

Dans un même esprit précurseur que celui du premier Empire, la restauration du parc entreprise en 1989 a pris le parti de jardins contemporains sans effacer les traces des générations précédentes.

Initialement, Marie-Christiane de La Conté s'était lancée dans un potager, « mais, dit-elle, lorsque je me suis aperçue que je prenais mes vacances en fonction de la récolte des haricots verts, j'ai compris que nous aurions vite une indigestion ». Aussi a-t-elle préféré orienter son jardin sur le thème des cinq sens et des activités de l'esprit. Respectant la perspective, elle a installé tous ses jardins à thèmes sur le pourtour de la propriété laissant ainsi de la maison une vue dégagée et sereine car, dit-elle, « la fleur est un élément perturbateur dans un paysage. Elle attire le regard et elle crée un stress, celui de l'apparition du bouton, de la floraison puis de sa disparition, le tout dans un temps très bref, tandis que les arbres n'impliquent pas la même perception du temps qui passe ». Aussi depuis la maison, pour la tranquillité de l'esprit, seul un tapis vert se déroule jusqu'au saut-de-loup, souligné par la majesté de vieux arbres aux dimensions et aux essences extraordinaires. On rencontre un *Magnolia acuminata,* un hêtre lacinié, des houx remarquables. Une nouvelle génération d'arbres et d'arbustes a été plantée dans le souci de garder l'unité de l'ancienne perspective, tout en affinant les contours, les volumes, le jeu des textures des feuillages et les effets des couleurs d'automne. Des arbustes comme des viburnums, rhododendrons et hydrangeas assurent en sous-bois une floraison légère blanche et rosée se succédant au fil du temps.

Par contre, dès que l'on fait le tour de la propriété, tous les sens sont sollicités. Le jardin de haies et de fleurs, installé dès l'entrée, est une introduction aux perceptions.

Promenade sensitive

La plus évidente, la vue, est nécessaire pour appréhender cette palette colorée. Le cœur blanc s'échappe en dégradés de plus en plus soutenus soulignés par le vert sombre des haies. Le simple fait de le traverser imprime à l'esprit un arc-en-ciel.

Les haies d'ifs à différentes hauteurs qui le structurent sont percées de portes incitant à longer le long mur de bauge ocre qui réfléchit la lumière et la chaleur. Au pied, s'épanouit une collection de plantes piquantes et épineuses qui alternent avec des feuillages doux et veloutés, sensations apaisantes après le côté défensif. C'est le jardin du toucher.

La haie qui sépare la grande bordure du jardin de couleurs abrite également une collection de plantes d'ombre. Ce cheminement, accompagné par le chant des oiseaux et le bruit du vent dans les plantes qui font appel à l'ouïe, amène naturellement au jardin du cloître.

Le jardin du cloître : Atremisia Powis Castle et Lavandula stoechas autour d'un pamplemoussier. A droite, hampes des Eremurus himalaïcus.

Le jardin de haies et de fleurs. Au premier plan, Alchemilla mollis et géranium Psilostemon. A gauche, rosier La France.

Les orangeries

Bien différentes des serres, qui ne viendront que plus tard dans les jardins, les orangeries sont citées par Pline l'Ancien et largement utilisées par les Romains.

A l'origine appelées « forceries », puis au XVIIe siècle « citronnières », ces grandes et simples pièces destinées à « emprisonner l'été » devinrent des constructions indispensables dans les jardins qui abritent provisoirement orangers, myrtes, lauriers-roses et autres palmiers pour leur faire passer douillettement l'hiver..

Les orangeries répondent à ce désir constant des jardiniers d'acclimater de nouvelles espèces souvent transplantées de leur pays d'origine, de produire fruits et légumes à contre-saison, de sauvegarder les plantes rares et de protéger les sujets sensibles pendant les périodes de froid.

Avec le XVIe siècle, la découverte de nouveaux mondes et la passion des plantes jusqu'alors inconnue, les orangeries connaîtront un succès sans précédent. Le nombre de plantes utilisées dans les jardins sera multiplié par cinq en moins d'un siècle. Les architectes utiliseront la terre comme matériau isolant et habilleront les orangeries de larges façades vitrées orientées au midi. Bâties le plus souvent sous des terrasses, assurant ainsi un volant thermique stable, les orangeries disposent d'ouvrants surdimensionnés autorisant le passage des végétaux adultes, poussant dans des caisses renforcées construites à cet effet. Même si l'orangerie de Padoue, édifiée en 1564, a marqué une étape importante, la célèbre orangerie de Versailles, toujours en activité, construite par Le Vau en 1663, en demeure le plus remarquable exemple.

Anthémis en pot et agrumes en bac attendent à l'abri que l'été et son soleil reviennent.

Perspectives, tracés, plantations. Sur les plans retrouvés se retrace l'évolution des plantations du lieu.

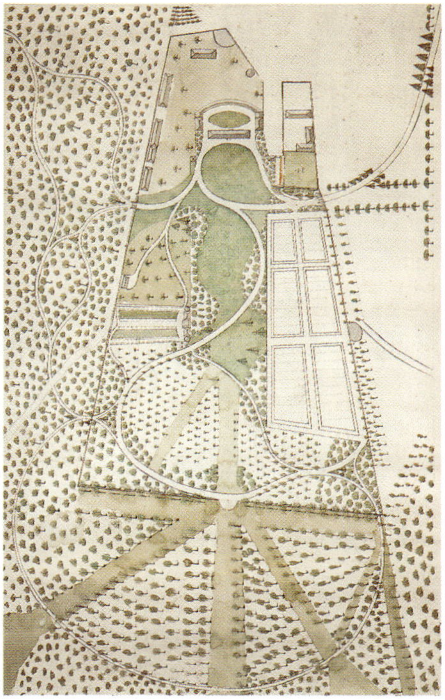

Jardin du milieu, jardin protégé, il est isolé du monde extérieur par une haie de charmille. Une pergola recouverte de roses anciennes reprend la structure d'un cloître, tandis qu'au centre se trouve un jardin de simples et d'aromates dans des harmonies de gris pourpre et vert à la manière des jardins monastiques du Moyen Age. Le calme et l'harmonie des couleurs sourdes et des senteurs subtiles et poivrées du centre contrastent avec la débauche de fleurs et d'odeurs suaves qui envahissent l'endroit au mois de juin. C'est le jardin de l'odorat.

Marie-Christiane de La Conté a remarqué lors des visites de groupes ou de scolaires combien les enfants sont soudain très calmes et fascinés par le lieu. C'est sans doute le jardin qui demande le plus de concentration. Aussi, le jardin suivant apparaît comme une récréation.

C'est le jardin du goût. Celui-ci est beaucoup plus naturel et les arbres fruitiers et arbustes, disposés en arc de cercle, échelonnent leurs récoltes et proposent aux promeneurs un éventail de goûts très variés. Des classiques baies, comme les framboises, on passe à des fruits plus rares et surprenants comme celui de l'*Hovenia dulcis*, dit encore arbre à raisins secs.

Après le goûter, le jeu et la surprise. Un labyrinthe irrégulier, dessiné par les enfants de la maison, planté de charmes, renferme deux chambres secrètes.

Le temps et la lumière

Le retour vers le château, après avoir traversé la terrasse formée par le saut-de-loup, se fait par une série de jardins clos incitant à la méditation sur le temps et à une réflexion sur le mouvement perpétuel. Pour ce faire, chaque chambre est dédiée au moment de la journée où le soleil la touche, et les plantations sont faites de façon à ce que formes des plantes et couleurs des floraisons fassent une spirale qui ne finisse jamais.

Enfin, comme la conclusion de ce parcours de perceptions, une ravissante orangerie construite entre 1808 et 1812 rassemble toutes les impressions de goût de couleurs et d'odeurs rencontrées.

Cet itinéraire végétal est une construction de l'esprit, mais aussi le reflet des activités de la maîtresse de maison. « Archiviste dans la vie publique et jardinière dans la vie privée sont deux activités complémentaires, dit-elle. Rien ne vaut une bonne séance de désherbage pour remettre les choses et les soucis à leur juste place. Tandis que plonger dans les comptes de l'archevêché ou les minutes notariales vous fait comprendre le pourquoi de la présence d'une espèce en certains lieux. Comme l'Histoire, la passion du jardin répond à un besoin de comprendre l'évolution de la vie et d'imaginer la suite. Dans un jardin, on a souvent envie de vieillir pour voir ce que cela va devenir. »

Les jardins de Vandrimare
sont ouverts du 1er mai
au 31 octobre, les samedis,
dimanche et jours fériés
de 14 h 30 à 18 heures, visites
guidées sur rendez-vous pour
les groupes toute l'année.
30 F, gratuit jusqu'à 12 ans.
Accès par la RN 14, carte
Michelin 55, pli 7.

Château de Vandrimare,
27380 Vandrimare.
Tél. : 02 32 49 03 57.

Le cloître des senteurs est peuplé de rosiers anciens et d'herbes aromatiques comme l'Artemisia Powis Castle et abrotanum, Euphorbia characias, romarin, sariette, Salvia officinalis purpuera et icterina, origan, thym, etc.

Les jardins d'Angélique
Un rêve de paradis

Les Delphiniums Buttaball se mélangent aux rosiers buissonnants et aux géraniums Sylvaticum.

« C'est une maison de princesse », s'étaient extasiées Claire et Angélique Le Bellegard en découvrant lors d'une promenade ce joli petit manoir du XVIIe siècle en ruine. Quelque temps plus tard, à leur retour de vacances, leurs parents avaient vendu leur pavillon et racheté cette maison pour concrétiser les rêves de leurs filles.

Gloria et Yves Le Bellegard soignent leurs euphorbes Characias et Policrama ainsi que les hellébores Orentalis.

Trois ans de travaux ont été nécessaires pour redonner à la maison son cachet d'autrefois. Mais, pendant ce temps-là, Angélique tomba malade et disparut à l'âge de 20 ans.

C'est ce décès tragique qui a poussé Yves et Gloria Le Bellegard vers le jardin. « Pour renouveler les fleurs de la tombe d'Angélique, on achetait des plantes et on replantait les précédentes dans notre jardin. C'est comme cela que sont nés les premiers massifs. » Ensuite, c'est l'intuition et le sens artistique de Gloria qui ont développé le premier jardin qui s'étale devant la maison. On y chemine au milieu des roses qui structurent l'ensemble. Le maître de maison a une passion pour les roses anciennes et rêverait de collectionner les rosiers pour en reconstituer l'histoire. Il choisit ses variétés pour leurs couleurs, généralement pastel, et pour leur odeur. Les rosiers lianes envahissent les vieux arbres, s'attaquent aux arches et font le lien entre les parterres. Le mélange de vivaces, pivoines, delphiniums, euphorbes, hostas et fougères donne une image de généreux fouillis. Avec plus de 2 000 rosiers et 130 variétés de pivoines, l'effet est éblouissant

Quand Gloria Le Bellegard se lance dans un nouveau parterre, elle veut être seule ; elle installe les rosiers, puis elle marie les plantes selon ce qu'elle rêve qu'elles deviennent. Tous les ans, elle change selon les couleurs, les formes et les parfums.

Ce jardin en perpétuelle évolution contraste avec le nouveau jardin créé en 1996. Encadré de murs, avec au centre un hêtre pourpre et une fontaine monumentale, ce nouvel espace est structuré par des buis contenant des fleurs blanches. Les jeux de lignes formées par les haies de buis trichent avec un terrain pas toujours régulier. C'est tout l'art du jardinier qu'on retrouve dans ce jardin, né d'un grand chagrin mais pas mélancolique. Il est au contraire un hymne à la vie. C'est pourquoi les propriétaires l'ont petit à petit ouvert au public. « La vocation de ce jardin, dit Yves Le Bellegard, c'est de faire plaisir. Plaisir à ceux qui le font comme à ceux qui s'y promènent », et sa femme ajoute : « Si je peux faire rêver les gens deux heures, j'ai réussi. » Toute la famille est associée à cette entreprise un peu folle. Leur fille Claire jardine aussi avec sa mère tout en se chargeant de l'accueil des visiteurs. Quant au petit-fils, s'il ne pêche pas les grenouilles, il chasse le puceron ! Ce jardin n'a pas dix ans et déjà il s'en dégage une ambiance étonnante de paix et de sérénité, ce qui prouve bien que les rêves d'un jardinier peuvent transformer un bout de Normandie en coin de paradis.

La souplesse des graminées Stupa gigantea amène de la légèreté à la masse compacte des rosiers en fleurs Adélaïde d'Orléans.

Les Jardins d'Angélique sont ouverts du 1er mai au 15 octobre tous les jours sauf le mardi, de 10 heures à 19 heures. 25 F, gratuit jusqu'à 12 ans. Carte Michelin 55, pli 7.
Les Jardins d'Angélique,
76520 Montmain.

Digitales et lupins blancs se mêlent aux rosiers Blossom Time et Albertine.

Les folies

Planter le décor. » Jamais une expression n'a mieux défini la démarche de certains créateurs de parcs du XIXe siècle. Pour se libérer des soucis de la production, du taylorisme et de la rentabilité, les gens sérieux, comme un maître de forges, les grands industriels ou les aristocrates éclairés ont dépensé des fortunes pour s'entourer de paysages à l'image de leurs rêves, imposant aux paysages leurs habitudes de commandement.

romantiques

Planter le décor

Le contraste des lieux créés avec le paysage environnant surprend la curiosité du visiteur. Imagine-t-on perdu au milieu des forêts de l'Orne un paysage sortant des cartons d'Hubert Robert ? Peut-on croire à l'histoire de la Belle au bois dormant en sortant des jardins foisonnants de Cherbourg ? Il faut parfois se pincer pour être sûr que notre vue ne nous joue pas des tours.

Qu'ils représentent l'école française inspirée par les écrits du marquis de Girardin, comme au Champ-de-la-Pierre, ou l'école anglaise à la manière du fameux « Capability » Brown à Nacqueville, les parcs romantiques sont toujours des décors dramatiques pour des émotions intenses. Libertines ou désespérées, les attitudes des personnages qui « habitent » ces paysages semblent aussi exacerbées que leur environnement. Tout n'était-il pas prévu dans l'île aux rendez-vous du Champ-de-la-Pierre pour s'isoler en bonne compagnie ? Donner un cadre à la hauteur de ses émotions, telle était l'ambition de ces créateurs de paysages composés.

On pourrait croire que cette démesure est à l'origine de ce qu'on nomme « Folies », destinées à susciter émotion, surprise et méditation. En fait, ces « maisons dans les feuilles » tirent leur nom de la racine latine *folia* qui veut dire feuille. Est-ce à dire qu'entre jardinier et folie il y a des liens secrets ?

Champ-de-la-Pierre

Les rêves d'un maître de forges

Vue cavalière du fond de l'allée. Le Champ-de-la-Pierre apparaît, solidement construit dans le granit.

On peut être maître de forges et romantique. On peut se lancer dans des travaux gigantesques pour son seul plaisir et tenir très précisément ses comptes. Jean-Baptiste Ricœur de Bâmont, dont la famille possédait le Champ-de-la-Pierre depuis 1701, a aménagé entre 1786 et 1806, à partir des deux étangs qui alimentaient ses forges, un décor digne d'un tableau de Watteau. Il est surprenant d'imaginer qu'un industriel vivant au cœur de l'Orne, sensible aux courants artistiques et philosophiques de l'époque, ait pu se lancer dans pareille entreprise à la veille de la Révolution française.

Arlette et Hubert d'Andigné, avec leur chien Matcho. Ils ont redonné à leur parc le charme romantique imaginé par leur ancêtre, le maître de forges.

La grande allée de hêtres, allant du château aux étangs, ainsi que le « petit bois » ont d'abord souffert des combats de la Libération en 1944 puis d'une terrible tempête en 1981. Devant un tel désastre, les descendants du sieur de Bâmont ont profité de l'extrême précision de leur ancêtre pour redonner au parc une partie de sa splendeur passée. Madame d'Andigné et toute sa famille ont donc épluché les livres de comptes et les souvenirs familiaux avant de s'atteler à la tâche.

Nénuphars et nymphéas couvrent l'un des étangs alimentant la forge.

Une île et des ports

C'est en 1785 que Jean-Baptiste de Bâmont confie à son ami, Monsieur Godard, officier du régiment de Normandie, le soin de dresser les plans du parc et d'en diriger les travaux. Il commence en 1786 par aménager une terrasse sur les berges de l'étang de la Fenderie ainsi qu'un îlot, l'île Godard. Il trace également les allées du petit bois qui sera planté l'année suivante de 3 000 pieds de charmille et d'épine blanche autour des salles vertes. On replantera également l'avenue avec 200 jeunes hêtres, ceux-là même qui souffriront tant en 1944 et décideront la renaissance du parc.

A l'autre extrémité de l'étang, dans une autre île, on construira une chaumière. Pour y aller, il faut un bateau construit également sur des plans de Monsieur Godard *La Bonne Louise*. Et pour accueillir celui-ci, on fait deux ports miniatures au pied de la terrasse.

Les livres de comptes évoquent en mai 1789 les travaux de finition du temple construit dans le petit bois : une couche de jaune et deux couches de céruse. On sait aussi que les treillages et le contrevent de la volière sont peints en vert. Le moindre détail est consigné ainsi jusqu'au départ en émigration le 12 juin 1791.

Pour Arlette d'Andigné, cette source de renseignements est une mine. On saura même que le banc de la grotte — en fait un genre de ravissante cabine de bain, qui jouxte l'un des petits ports — était fait en toile de Jouy par un tapissier de Sées en 1801. C'est donc en toile de Jouy qu'elle réaménagera le banc de ce petit abri aux jolies boiseries Louis XV.

Folies douces

Dans l'étroite relation plante-architecture, là encore soyons prudents. L'échelle d'un parc peut admettre certains édifices ; dans un jardin, sachons rester simple. Qu'elle symbolise une idée, réponde à un besoin ou transmette une idée, voire un message, la construction doit être « lisible » facilement. Evitez la complexité et soignez les détails de finition. Cherchez plus à surprendre qu'à choquer, plus à étonner qu'à brusquer. Que chaque fois le message, comme la construction, soit exprimé clairement et trouve une place originale en forme de signature de votre imagination.

La taille des arbres

La taille des arbres est utilisée depuis toujours. Connue des esthètes romains, des jardiniers du Moyen Age, utilisée par les vignerons autant que par les jardiniers, la taille est devenue un art au XVIIe siècle où espaliers, berceaux, tentures, créneaux structurent les jardins. Utilisant fruitiers « conduits » en espalier, taillant les masses trapues des persistants, s'adaptant au feuillage marcescent des charmes, les jardiniers, aidés en cela par les ouvrages savants et populaires de l'abbé Schabol et le fameux Introduction pour les jardins fruitiers et potagers *de La Quintinie, vont transformer buis, myrtes, lauriers, jasmins, ifs en sculpture végétale aux formes multiples.*

La taille, qu'elle soit destinée à ôter le bois excédentaire ou à optimiser la production de fruits, est aussi un moyen d'imposer des formes à la nature. Méthode de culture élevée au rang d'art ou moyen d'expression artistique, la taille, exécutée à la cisaille, au sécateur ou au ciseau, contraint les arbres à vivre à plat le long des murs, trace des architectures à ciel ouvert en formant des murs végétaux, transforme les buis en topiaires, affirme les volumes, invente les contreforts et murets d'ifs, augmente les transparences et les perspectives. En fait, elle est omniprésente toute l'année.

Loin des lamentables élagages que l'on voit souvent imposés par un quelconque despote de la tronçonneuse, la taille est un art subtil, précis et raffiné, qui exige autant de connaissances de la structure des végétaux que de sens des volumes et de l'équilibre des formes.

Constructions propices aux rendez-vous secrets, haltes prévues sous les frondaisons du parc, les kiosques et fabriques peuplent le Champ-de-la-Pierre.

Un petit kiosque abrite à l'orée du bois une statue de Diane et permet de contempler le labyrinthe.

Un labyrinthe pour s'y perdre

Mais c'est surtout les commandes d'arbres et de charmille qui ont permis de restituer l'ambiance du parc. En décembre 1787, ce sont 5 000 pieds d'érables, 1 000 pieds de charmille, 5 000 pieds d'épine, 100 peupliers d'Italie et 36 platanes qui sont commandés au sieur François Dallemagne, jardinier à Ecouché. A chaque époque ses moyens ! Cette fois-ci, c'est dans le parc qu'ont été trouvés 2 000 pieds de charmille, patiemment élevés dans le potager, puis repiqués cinq ans plus tard. Les souvenirs d'une tante du propriétaire actuel ont permis de retrouver une bonne partie du tracé des plantations. Un labyrinthe a même été

Les petits-enfants d'Arlette d'Andigné adorent « se faire un labyrinthe » pour jouer à s'y perdre.

reconstitué, ce qui représente des kilomètres de charmille à tailler « à hauteur d'appui » (sauf, bien évidemment, le labyrinthe pour qu'on puisse vraiment s'y perdre).

L'île du Rendez-Vous est sans doute l'apothéose de l'esprit romantique de ce parc. Deux ponts tournants permettaient de s'isoler totalement. Dans une énorme pierre, qui sert de support à un obélisque, toute une série de sièges avec accoudoirs sont aménagés. Que de choses ont dû se passer ici, au bord de l'eau, toujours accessible par des petits escaliers ! Car la pierre est présente partout. Situé sur les contreforts du Massif armoricain, le nom du lieu évoque bien le granit omniprésent. Et le soin que le sieur de Bâmont mettait à faire ses comptes se retrouve dans le dessin du moindre ouvrage, la forme des ports, des escaliers qui descendent à l'étang comme ceux qu'on rencontre dans les allées et la forme des fabriques qui ornent le parc. Même là, on connaît les modèles dont il s'est inspiré. Une série de planches de dessins extraits de *Jardins anglais et chinois sur des terrains tant réguliers qu'irréguliers* composé par le sieur Panseron, architecte à Paris, a été retrouvée dans le livre de comptes.

Dix années d'exil n'empêcheront pas Jean-Baptiste de Bâmont de reprendre son œuvre en 1801. Le livre

Le haut-fourneau de la forge, récemment restauré, semble bien calme désormais.

Les forges du Champ-de-la-Pierre

L'activité métallurgique dans l'Orne est présente depuis l'époque romaine. Elle se développa avec l'apparition de haut-fourneaux au charbon de bois à partir du XVIe siècle. Le haut-fourneau du Champ-de-la-Pierre en est un des derniers exemples. Les forges ont été construites en 1593. La famille Ricœur de Bâmont les possède depuis le début du XVIIIe siècle. Elles atteignirent leur apogée à l'aube de la Révolution et seront exploitées jusqu'en 1860. Les forges tiraient leur minerai de Rânes. Elles consommaient l'équivalent de 100 hectares de bois par an, et la succession des quatre étangs, se déversant l'un dans l'autre, fournissait l'énergie pour actionner le soufflet des fourneaux. Sur le site du Champ-de-la-Pierre, on peut voir encore de nombreux vestiges d'atelier ainsi que le haut-fourneau. C'est un important massif de maçonnerie carré, au centre duquel se trouvait le creuset. Le chargement du fourneau était fait par le gueuloir, ouverture située au sommet de l'édifice. La combustion du charbon de bois était entretenue par une roue hydraulique. Les forges produisaient de 150 à 200 tonnes de fer par an. La plus grosse partie passait à la fenderie où se découpaient les fers pour la clouterie et la serrurerie. Inscrites à l'inventaire des Monuments historiques comme exemple d'architecture industrielle : une association d'amis du site animée par la famille d'Andigné fait d'importants efforts de mise en valeur de cet ensemble exceptionnel et organise des visites qui raniment le site et le souffle des forges.

beau-père s'est demandé un moment s'il n'allait pas vendre la propriété à la casse. Le château et le parc ont d'abord été occupés par l'armée allemande puis par un état-major américain de cinq cents personnes ! Tout l'intérieur, déjà très détérioré par les Allemands, a alors été vidé, brûlé, repeint en kaki, le parc nivelé pour en faire un parking pour deux cent cinquante camions. » Pourtant, Marcel Hersent, sans doute envoûté par le charme des lieux, ne baisse pas les bras et pendant dix ans s'acharne à effacer les traces de la guerre. Fier du résultat, en 1962, il ouvre le château et le parc à la visite. C'est maintenant au tour de sa fille, de son gendre et de leurs cinq enfants de veiller à l'entretien de la propriété. Depuis la tempête de 1987, avec l'équipe des cinq jardiniers, ils ont replanté plus de 15 000 arbres et s'attachent à garder au lieu son charme romantique.

Alexis de Tocqueville disait de son frère qu'« il a dépensé assez d'argent et de goût pour faire de Nacqueville un des plus jolis lieux du monde ». Cette opinion, peut-être un peu partisane, du célèbre écrivain pourrait s'appliquer aux successeurs. C'est sans doute le pouvoir magique de cette étonnante vallée.

Le château de Nacqueville
est ouvert de Pâques au 30 septembre tous les jours sauf mardis et vendredis non fériés. Visite guidée à 14 heures, 15 heures, 16 heures et 17 heures. Autres rendez-vous possibles pour les groupes. 25 F, 10 F de 5 à 15 ans. Gratuit avant 5 ans. Nacqueville est situé à la sortie ouest de Cherbourg. Carte Michelin 54, pli 1.

Château de Nacqueville,
50460 Urville-Nacqueville.
Tél. : 02 33 03 27 89.

Rhododendrons taillés ou sauvages voisinent avec quelques **Trachycarpus fortunei** *pour la touche d'originalité devant le pignon largement ouvert qui laisse pénétrer la lumière dans les pièces du château.*

ne est mis en vente et acheté par Hildevert Hersent, ingénieur spécialisé dans la construction des ports et de ponts en 1878. C'est en construisant celui de Cherbourg qu'il découvrit Nacqueville et qu'il fut séduit par les lieux. Il fit moderniser et remeubler le château. Il améliora également les circuits d'eau du parc.

La guerre de 1939-1945 laisse la propriété dans un état lamentable. « A tel point, dit François Azan, que mon

Jardins

On reproche souvent aux artistes d'avoir la tête dans les nuages et rarement les pieds sur terre. Pourtant, certains n'hésitent pas à plonger les mains dans cette terre pour en faire jaillir des couleurs et tirer de l'imprévisible développement de leurs plantations le fruit de leur inspiration.

Gertrude Jekyll, la paysagiste anglaise à l'origine du bois des Moutiers, disait dès le début de ce siècle : « Accumuler les plantes, si belles soient-elles, ne suffit pas à créer un jardin ; on aura là qu'une collection.

d'artistes

Transformer la terre en couleurs

Les plantes acquises restent à répartir avec soin. Se contenter de planter sans harmoniser les fleurs entre elles revient, pour le peintre, à se fournir chez le meilleur marchand et à disposer les couleurs sur la palette... Il n'aura pas pour autant composé un tableau ! »

A Giverny, Varengeville ou à la Petite Rochelle, même si la botanique et les collections servent souvent de structure à ces jardins, c'est le choix des espèces qui donne l'esprit et le charme des lieux. Que seraient les nymphéas sans le pont japonais ou les rhododendrons du bois des Moutiers sans le vallon et la mer et les plantes de la Petite Rochelle sans les lointains fuyants ? A chaque fois, c'est un élément du paysage qui a provoqué le choc et le choix du départ : le cours de l'Epte à Giverny, la vue sur la mer à Varengeville et les horizons bleutés du Perche à la Petite Rochelle.

Et si le peintre-jardinier sait créer des alliances de couleurs, il sait aussi marier les matières et imaginer l'évolution des formes qu'apporteront les saisons. Les jardins d'artistes sont des œuvres vivantes et éphémères en perpétuel changement comme le montre la série des « Nymphéas » de Giverny.

Le Bois des Moutiers
Les quatre générations d'un parc

Dans le jardin du cadran solaire, les sedum spectabile Stardust, un yucca Ivory et un Filamentosa se mêlent aux roses anciennes et à la vigne Vitis cognatiae.

Aujourd'hui centenaires, la maison et le parc des Moutiers sont la grande aventure d'une même famille, les Mallet. Son créateur, Guillaume, est issu d'une famille de banquiers protestants. Mais lui-même s'est toujours tenu éloigné des affaires. Il était capitaine de l'armée française lorsqu'il fit l'acquisition du domaine des Moutiers en 1897 et décida d'y vivre avec son épouse Adélaïde.

Antoine Bouchayer-Mallet et sa grand-mère Mary Mallet. Toutes générations confondues, chacun contribue au succès et à la beauté de Varengeville.

C'est un amateur d'art très ouvert aux courants artistiques de son époque. Ayant séjourné enfant en Angleterre pendant la guerre de 1870, il a gardé l'image des parcs anglais de l'île de Wight. C'est ce qu'il va chercher à recréer dans son vallon de Varengeville. Il s'entoure pour cela du jeune architecte anglais Edwin Luytens, alors âgé de 29 ans, à qui il confie la restructuration de la maison existante. La paysagiste Gertrude Jekyll prolongera l'esprit du bâtiment dans les jardins par des chambres de verdure conduisant à l'immense parc paysager, qui s'étend jusqu'à la mer.

Jardin « Surrey »

C'est désormais Antoine Bouchayer-Mallet, l'un des huit représentants de la quatrième génération, qui préside aux destinées du parc. Il cherche avant tout à garder la dimension familiale de cette propriété. Celle-ci, d'ailleurs, continue à s'impliquer dans l'entretien du parc avec l'aide de deux jardiniers et les visites sont généralement commentées par un membre de la famille. On rencontre régulièrement la grand-mère d'Antoine, Mary, 90 ans passés, faisant le tour de son domaine à grandes enjambées !

On a aux Moutiers un exemple unique du style de jardin « Surrey », élaboré par Edwin Luytens et Gertrude Jekyll. Il allie finesse du dessin, qualité des matériaux, pierre, brique, tuile et bois qui mettent en valeur les associations de fleurs des mixed-borders. Chaque espace, clos de murs, correspond à une pièce de la maison et compose un tableau à travers les fenêtres. Au jardin blanc, correspondant au salon de musique, succède le jardin d'entrée entre les murs puis la pergola qui mène au cadran solaire entouré de plantes odorantes comme

Sous la pergola dessinée par Lutyens, les rosiers Fritz nobis grimpent à l'assaut des piliers tandis que les roses Francis E. Lester s'agrippent aux poutres de chêne.

Le vallon de Varengeville s'étend jusqu'à la mer. Depuis la terrasse, on peut apercevoir les rhododendrons Halopeanum et les hydrangeas Villna, preziosa, hallason et sargentiana devant un rideau de chênes verts, de frênes et un cèdre de l'Atlas.

Les rhododendrons envahissent les sous-bois.

Le mouvement Art and Crafts

Il y a cent ans, le mouvement artistique Art and Crafts battait son plein en Angleterre. Tous les domaines de l'art furent touchés par ce courant qui tournait le dos à l'esthétique victorienne. Un nouveau style de courbes et d'entrelacs se développa outre-Manche, aussi bien en peinture qu'en art appliqué. Il s'inspira à la fois de la nature en reprenant des thèmes floraux et de l'imagerie médiévale. Les tissus de William Morris (1834-1896), réédités de nos jours, sont un exemple très actuel de ce courant. Sir Edwin Luytens, l'architecte du bois des Moutiers, était proche de ce groupe d'artistes d'avant-garde comme de l'école préraphaélique.

En collaboration avec la célèbre paysagiste anglaise Gertrude Jekyll, il appliqua pour la première fois en France les principes de cet art nouveau. On retrouve, en particulier dans le jardin proche de la maison, la composition en chambres et les mixed-borders très novatrices à l'époque. Celles-ci correspondent à l'architecture si particulière de la maison, et sont composées comme des tableaux qui se regardent depuis l'intérieur. La décoration et le mobilier reprennent également des éléments Art and Crafts, en particulier les plaques de plâtre coloré de Robert Anning Bell intégrées dans les boiseries des portes du premier étage. Pour le centenaire du bois des Moutiers, la famille Mallet a organisé, en collaboration avec des galeries et associations anglaises, une exposition représentant ce mouvement artistique dont elle est la seule application en France.

L'une des plaques de plâtre coloré de Robert Anning Bell, qui orne la maison.

la lavande, le romarin, les cistes associés aux roses.

Potager miné

Après le verger des magnolias, l'ancien potager accueille une roseraie au milieu des vieux pommiers, témoins de son usage ancien. Antoine Bouchayer-Mallet voudrait recréer ici un verger utilitaire pour retrouver la cohérence du lieu. « On n'a pas les moyens de refaire un potager aussi vaste, car cela demanderait beaucoup de main-d'œuvre et ne correspondrait plus au besoin de notre époque. Le parc a été miné pendant la guerre et, en 1946, c'est ici qu'on a stocké les mines avant de les pétarader. Les pauvres pommiers n'ont pas résisté sauf ceux proches du mur Nord. Leur taille en espaliers et l'entrecroisement de leurs branches ont un dessin extraordinaire. Je voudrais reprendre cela pour restructurer cet espace consacré aux fleurs et aux fruits. »

Ainsi se termine la première partie de la promenade correspondant à la présence proche du village. Toute une zone de transition intimiste mène à la partie regardant la mer, aux grands espaces du parc de 12 hectares. Au premier regard, tout paraît naturel. Mais lorsqu'on sait qu'il y a cent ans ce n'était que des pâturages sans un arbre, on mesure l'ampleur du travail de composition et de plantation qu'a demandé ce paysage exubérant. Cela commence par la clairière de pins d'Autriche, qui abrite des rhododendrons aux couleurs bleues. On continue par un chemin encastré au milieu de rhododendrons de l'Himalaya aux dimensions impressionnantes. Pour un peu, on se prendrait pour Alice au pays des merveilles. Puis on descend dans le vallon au milieu des chênes verts jusqu'à la rivière d'iris, très appréciée également par les sangliers qui hantent le parc la nuit, au grand

Une silhouette de bronze danse sous les arbres.

La lumière joue à cache-cache entre les troncs avec les massifs de rhododendrons.

Dans le grand parc, un vallon rassemble les azalées de Gand. On y rencontre les azalées de Gand A. Fanny, A. Raphaël de Smet, A. Daviesii et A. Nancy Waterer.

dam des jardiniers. D'immenses gunneras donnent une dimension théâtrale au décor. La promenade continue dans les sous-bois composés par des associations d'essences rares. On rencontre des liquidambars aux côtés de cèdres bleus, des érables du Japon, des acers, des criptomerias ou magnolias. Au pied des arbres se succèdent viburnums, hydrangeas, fougères, bambous et azalées qui assurent par la succession de leur floraison des couleurs et des formes toujours renouvelées.

Dans le chemin tournant du Patis, au pied des pins sylvestres ou maritimes s'épanouit le rhododendron Cynthia.

La mer, toujours présente

Quant à l'automne, c'est peut-être la saison la plus spectaculaire ici. On se rend compte alors du soin que Guillaume Mallet a pris pour choisir et associer les espèces plantées. C'est avec la sensibilité d'un peintre qu'il a dessiné cet endroit inspiré par ses souvenirs d'enfance. Tous ces arbres qui arrivent à maturité ne résistent pas toujours aux éléments. Le vent et la mer si proche les mettent régulièrement à rude épreuve. Mais les traces des tempêtes réservent parfois de bonnes surprises. Des points de vue sur la mer, ou sur l'église de Varengeville, vous attendent au détour d'un chemin. Tout en lui conservant son aspect actuel, Antoine Bouchayer-Mallet voudrait rajeunir le parc. Il a récemment replanté la pinède détruite en un quart d'heure par une tornade il y a quelques années. Il a également l'intention de reconstituer en front de mer un brise-vent naturel en plantant des centaines d'arbres. Il a organisé pour le centenaire du parc familial toute une série de manifestations alliant concerts et expositions. Une manière bien vivante de célébrer l'amateur d'art qu'était son arrière-grand-père.

Le bois des Moutiers
est ouvert du 15 mars au 15 novembre tous les jours de 10 heures à 12 heures et de 14 heures à 18 heures.
35 F (40 F en mai et juin), 15 F de 6 à 12 ans, gratuit pour les moins de 6 ans.
Le bois des Moutiers se trouve près de Dieppe, carte Michelin 52, pli 4.

Parc du Bois des Moutiers,
76119 Varengeville-sur-Mer.
Tél. : 02 35 85 10 02.

Giverny
La palette de Monet

A la porte de la célèbre maison de Monet, une allée bordée d'aubriata Hendersonii violte mélangé au feuillage d'iris germanica et de tulipes Big Chief et Queen of Night.

Avant de s'installer à Giverny en 1883, Claude Monet, chef de file des peintres impressionnistes, avait travaillé au Havre, à Argenteuil, Louveciennes, Vétheil — que des lieux proches de la Seine. Rien d'étonnant alors que ce petit village accroché à la colline, et situé entre la Seine et l'Epte, ait servi de port d'attache au peintre et à sa famille nombreuse. L'exposition et la présence des deux cours d'eau créent une lumière si particulière qu'elle ne pouvait que séduire le peintre de plein air qu'était Claude Monet. Pendant plus de quarante ans, il a trouvé inspiration et délassement. C'est lui qui conçut l'aménagement des parterres, des chemins, du bassin aux nymphéas et du pont japonais. A la fin de sa vie, sa vue diminuant, son jardin envahit ses toiles et devient omniprésent dans son œuvre. Impossible de visiter Giverny sans penser à son créateur. Mais, après cinquante ans d'oubli, les mauvaises herbes et la vase avaient presque effacé les jardins cultivés si affectueusement par le peintre.

Monsieur Vahé, le chef des jardiniers, fleurit la maison tous les matins avec la profusion et l'esprit voulus par le maître de Giverny.

Tableau vivant

En 1976, à l'initiative de Gérald Van der Kemp, alors conservateur au château de Versailles, la restauration commença avec une équipe de trois jardiniers. Monsieur Vahé, présent depuis le départ, est désormais à la tête d'une équipe de dix personnes en moyenne. Bien sûr, il ne s'agit pas d'une reconstitution à l'identique car un jardin n'est jamais figé ; il est la combinaison d'éléments incontrôlables comme la météo. C'est avant tout un espace vivant.

« Mais, raconte M. Vahé, on essaye de garder l'esprit. Et Monet était très aventurier en matière de botanique. Il dépensait beaucoup pour son jardin. Il entretenait une correspondance très suivie avec les grainetiers, horticulteurs, mais il s'essayait aussi aux pollinisations et croisements botaniques La légende voudrait qu'il ait réussi à obtenir une rose bleue, mais on n'en a plus la trace. Par contre, il avait créé à partir du dahlia étoile de Digoin une fleur flammée très belle. Un jour, peut-être, réussirons-nous à recréer une pareille fleur, mais encore faudrait-il retrouver la souche. Elle n'existe même plus au Muséum d'histoire naturelle.

A un mois près, on aurait pu retrouver l'inventaire exact de ce qui se trouvait dans le jardin, mais les

Sous la frondaison de deux Cotinus, tulipes rouges Keeskenhof, myosotis des Alpes blanc et Kosylva et paquerettes blanches forment un ensemble coloré ponctué d'une tache de pensées Herfurt Rouge brillant.

Cocktail de pensées Herfurt rouges et jaunes, giroflées simples Roi des feux et Hamelet alliées aux tulipes jaune Hamarassa et orange Monarch.

Les jardiniers commencent les plantations de dalhias à l'époque de la floraison des narcisses et des aubretias.

Yves Hergoualc'h soigne un rosier du Clos normand.

archives du grainetier qui fournissait Monet ont été brûlées juste avant qu'on ne les réclame ! Aussi, on se base sur les photos, descriptions ou même peintures de l'artiste. »

Problèmes de voisinage

Bien qu'il se soit installé sept ans auparavant, Monet n'achètera la maison de Giverny qu'en 1890, et le jardin, pourtant déjà l'objet de soins constants, n'apparaît dans ses toiles que vers cette époque. C'est aussi à cette époque que Monet cherchera à s'étendre et à créer le jardin des nymphéas. Mais, pour cela, il va avoir besoin de dériver l'Epte et les résistances sont vives. A l'époque, les cours d'eau ont une importance capitale, car ils servent à faire tourner les moulins, à abreuver le bétail. Dans une lettre à sa femme Alice, il évoque ses problèmes avec les riverains : « Il ne faut rien louer, ne commander aucun grillage et jeter les plantes aquatiques à la rivière ; elles y pousseront. Donc ne plus m'en parler ; je veux peindre. Merde pour les naturels de Giverny, les ingénieurs. »

Finalement, il obtiendra les autorisations nécessaires, sinon l'étang aux nymphéas n'aurait jamais existé ! Les préoccupations perpétuelles que lui donne son jardin sont très présentes dans sa correspondance et c'est une source de renseignements très importante pour comprendre celui-

ci. Elles montrent aussi comme cela ancrait l'artiste dans la réalité et le concret.

L'élément eau est indissociable de la lumière si particulière de Giverny. Monsieur Vahé raconte qu'un matin, alors qu'il se rendait au jardin, il avait l'impression d'être enveloppé d'un nuage rose. Se croyant mal réveillé, il fut tout de même obligé d'admettre qu'il y avait un phénomène étrange, lorsqu'il se rendit compte que les

Remi Lecoutre note soigneusement les floraisons au pied des cotinus.

Pensées Marina bleu clair à œil foncé entouré d'un liseret blanc, pensées Padparadja orange et tulipes Big Chief rose et or.

autres jardiniers constataient aussi cette lumière irréelle. « C'était, explique-t-il, la vapeur d'eau qui montait et qui était irisée, reflétant ainsi les couleurs alentour. » On comprend pourquoi Monet se levait parfois à 4 heures du matin pour saisir ses impressions de lumière et de reflets qui mêlaient les couleurs avec audace comme les jardiniers dans leurs parterres.

Associé au feuillage de rose trémière, miosotis et pensées Viola Cornuta cuty blanches et bleues.

Les jardins de Claude Monet
sont ouverts du 28 mars au 2 novembre tous les jours sauf le lundi, de 10 heures à 18 heures. Ouverts le lundi de Pâques, de la Pentecôte et le 14 juillet. 35 F jardins et maison, 25 F de 12 à 18 ans, gratuit jusqu'à 7 ans. Tél. 02 32 51 28 21
Giverny se trouve sur la rive droite de la Seine à la sortie de Vernon, carte Michelin 55, pli 18.
Jardins de Claude Monet,
27620 Giverny.

La glycine généreuse envahit le pont japonais au printemps.

La Petite Rochelle

Pierre et fleurs

Majestueuse simplicité ou pierre et fleurs s'allient naturellement pour marquer la porte du jardin.

Hélène d'Andlau a quitté son atelier parisien de graveur pour les collines du Perche en 1976. D'un terrain nu autour d'une petite maison paysanne sans beaucoup de fantaisie, elle a fait peu à peu une succession de jardins plus époustouflants les uns que les autres. « J'ai procédé, dit-elle, comme un envahisseur, par conquêtes successives. » Sous ses yeux, deux vieux noyers formaient une voûte encadrant une perspective sur la campagne environnante. « J'ai reçu ce tableau comme un don et une espérance. »

Quelle que soit la saison, les bras chargés de fleurs, Hélène d'Andlau parcourt son jardin avec l'œil attentif et précis du collectionneur.

Devant l'orangerie, un bassin est cerclé d'aubrétias, de jacinthes « Anne-Marie » et des buis taillés en boule. Deux cupressus « Semper virtus », résistants à -18°, encadrent un petit escalier qui disparaît sous les Aubretias.

Terre à roses

De son métier de graveur et de peintre, elle a gardé le goût de la composition et un œil exercé à voir en trois dimensions. Et pour l'amour des plantes, elle fut à bonne école, car elle est la nièce du grand jardinier Peter Wolkonsy, créateur du fabuleux jardin de Kerdalo en Bretagne. « Mon oncle m'a introduit dans le monde très cosmopolite des amateurs de botanique en Hollande, en Angleterre où nous allions ensemble dans les pépinières. C'est ainsi que j'ai constitué ma collection de rhododendrons en allant avec lui dans le Finistère. J'en ai 120 sortes différentes ! J'ai la chance d'avoir un sol neutre, aussi je peux aussi bien avoir des rhodos que des bruyères. C'est également une terre à roses. De nombreuses sortes sont nées ici, au gré du vent et des pollinisations. On les récupère à l'automne, on

Vue sur la charmille depuis la grotte. L'allée est bordée en février de perce-neige, et en octobre de cyclamens de Naples.

En haut à droite
En tournant le dos, encadrée par des monnaies du pape, de prunus et malus du jardin de Slovène se termine sur une sculpture du prince Pierre Wolkonsky.

En bas à droite
Dans le labyrinthe, une grenouille orientale en marbre du XVIIIe siècle veille sur un cotoneaster horizontalis qui précède des digitales et des monnaies du pape. Au fond, se succèdent les rhododendrons « Floralies » et « Ar-Brug ».

les met en pépinières et, une fois qu'elles ont fleuri, on les replace dans le jardin en fonction de leur couleur. Le célèbre pépiniériste André Eve en a sélectionné une qu'il a élevée et qu'il va diffuser sous le nom de "Belle de Rémalard". »

Pour avoir toujours quelque chose à admirer depuis la maison, Hélène d'Andlau a placé des arbustes à feuilles persistantes et à floraison toujours étalée dans le temps. C'est ainsi qu'elle a réuni ses collections de daphnés, qui allient l'avantage de fleurir en hiver et d'embaumer, de cornus et de pieris qui servent d'armature visuelle à tous les bulbes et vivaces qui se succèdent dans les massifs.

Jardin « rural »

Ensuite, c'est l'harmonie des couleurs qui dicte la combinaison des

Les collections végétales spécialisées

Si le goût des collections revient peu à peu en France, c'est sans aucun doute grâce à la passion de quelques fous de plantes qui savent allier science et initiative. C'est Franklin Picard, botaniste reconnu à l'enthousiasme communicatif qui, suite à la suggestion de Jean Laborey et lors d'une réunion de l'Association des parcs botaniques de France en 1985, décida de créer les Collections nationales, à l'imitation du « National Council for Conservation of Plants and Garden » en Angleterre.

Sur les 300 000 plantes estimées du système végétal, on pense et constate que 10 à 20 % d'entre elles vont disparaître sans même être reconnues ou recensées. Ces plantes disparaissent sans avoir été décrites ou étudiées, faute de moyens, par le massacre inconsidéré et suicidaire des strates végétales de la forêt tropicale.

L'idée fut donc de confier à des villes, des jardins botaniques publics ou privés ou à des collectionneurs passionnés la responsabilité d'être des musées vivants de la biodiversité de la nature. Le Muséum d'histoire naturelle, l'INRA et bien d'autres partenaires sont maintenant associés à cette chaîne de sauvegarde des espèces à l'échelle planétaire.

Un comité de sélection, doublé d'un comité scientifique, analyse les candidatures et détermine l'évaluation des différents critères.

Ainsi, dans le monde, nous assistons à un partage entre pays des différentes collections végétales spécialisées.

Pour l'Ouest, nous citerons parmi tant d'autres :

— la collection Hélène d'Andlau à Rimalard,
— la collection Favier à Cherbourg,
— la collection Mallet (hydrangeas) à Varengeville,
— la collection M. Lemonnier (hellébores et meconopsis),
— la Ville de Caen (peperomias)
— le Jardin botanique de Brest...

Ainsi, les collections nationales regroupées au sein du CCVS (Conservatoire des collections végétales spécialisées) participent à la connaissance et à la sauvegarde des espèces, à leur étude poussée, en un mot se consacrent à la sauvegarde du patrimoine génétique et botanique de notre environnement.

Melting-pot d'anémones de Caen « Blue Poppy », monnaies du pape et tulipes « Orange Emperor ».

espèces. « Dans un premier temps, j'ai donné la préférence au bleu et au rose, aussi j'ai éliminé le rouge », dit-elle. Et joignant le geste à la parole, lorsqu'elle promène ses visiteurs, elle élimine impitoyablement le malheureux pavot vermillon qui faisait tache au milieu des fleurs rose pâle ornées de coup de pinceau grenat. « Le rouge attire trop le regard et n'a pas sa place dans un jardin limité. J'ai également banni l'alliance du rose et du jaune, par goût personnel. Aussi, j'ai réservé la gamme des jaunes à d'autres parties du jardin comme le jardin italien. »

En effet, au fur et à mesure des « conquêtes », le jardin se compose désormais de six chambres plus ou moins séparées par des murs, une charmille ou une haie d'ifs. On passe de l'un à l'autre par des arches, une grille ou quelques marches de pierre.

Peu d'ornements agrémentent ces pièces, « car il ne faut pas jouer au château dans un jardin rural », dit la maîtresse du lieu. Pourtant, sur une belle fontaine XVIIIe siècle, un ange joufflu, que caressent des feuillages panachés très délicats, semble dialoguer avec deux imposantes grenouilles de pierre. Mais ils ne sont que des clins d'œil sans jamais éclipser les véritables vedettes : les fleurs. Rosiers et clématites se disputent l'appui de vieux pommiers pour partir à la conquête du ciel et rivalisent de beauté, tandis que les rhododendrons colonisent les sous-bois et imprègnent de leur odeur tout l'environnement.

Cahier de notes

« J'ai voulu laisser quelques respirations pour ne pas être noyée dans la végétation, c'est pourquoi j'ai fait alterner des espaces d'herbe pour permettre de reprendre son souffle. »

Le jardin s'est constitué sans véritable plan. « J'ai seulement un cahier où je note tous les quinze jours l'évolution des floraisons et ce que je veux déplacer, ce qui me permet de suivre année après année la vie de mon jardin. A partir d'un certain degré de passion, il y a une sorte de symbiose entre le jardinier et son jardin ; on est heureux ou malheureux avec lui selon le temps et les vents. »

Pour apporter tous les soins nécessaires à la Petite Rochelle, Hélène d'Andlau bénéficie depuis quelques années de l'aide de Philippe Vincent. Au début, ce jardinier venait pour les gros travaux comme la taille de la charmille mais, peu à peu, il s'est laissé habiter par le lieu et a abandonné son travail en pépinière pour travailler à plein temps avec Hélène d'Andlau. Désormais, il l'accompagne dans les rencontres d'amateurs de jardin comme Courson, Saint-Jean-de-Beauregard pour échanger leurs expériences.

« Un jardin, cela demande beaucoup de passion, de patience et de présence. Mais il faut aussi savoir sortir de chez soi pour partager et s'inspirer, à la suite de quoi le jardin vous rend avec une générosité incroyable vos efforts et votre patience. Il vous permet toutes les évasions de l'esprit et l'oubli de tant d'agitations sans importance. »

Formes et couleurs

Attention aux associations chromatiques hasardeuses. N'est pas Monet qui veut !
Certaines couleurs comme l'orange et le rouge doivent être utilisées avec prudence tant leur impact visuel est puissant. N'oubliez pas de mélanger les différentes tonalités de plantes d'une même couleur pour en décliner les harmonies (Perovskia etlavande... anémones du Japon et lavatères...).
La forme et la couleur des feuilles sont primordiales car ce sont elles qui dureront le plus longtemps dans le jardin et leur coloration va du gris le plus pâle au vert le plus profond !
Les figurations, accessoires et autres « œuvres », ne sont que des compléments artistiques du jardin. Ils doivent accompagner les plantes sans les dominer ni détruire, par leur présence trop forte, l'équilibre naturel des plantations. Laissons les nains dans les livres d'enfants, les moulins en Hollande et les pneus sur les tracteurs. La nature nous a offert la pierre, le bois, les branches, les herbes, fibres et autres lianes... et les œuvres des artistes : autant d'éléments naturellement à leur place pour orner les jardins.

Hélène d'Andlau
reçoit les groupes
sur rendez-vous.
Tél. : 02 33 73 75 52.

Page de gauche
Devant la charmille, tulipes « Orange Emperor » et « Purissima » au pied du rhododendron X Yakushim « Princesse Anne ».

La chatte Maminette dans le jardin italien, devant la plate-bande de jacinthes « Gyspy Queen » et de tulipes Sundancer.

Fantaisies botaniques

Par nécessité ou par tradition, la botanique a toujours attiré des esprits scientifiques et principalement les professionnels de la santé. Les dons d'observation, de rigueur et de logique en faisaient la base d'une éducation classique. Les herboristes étaient un peu des magiciens, sachant le pouvoir des herbes. La vocation des religieux tournée vers l'aide et le soin des indigents développa une science des herbes médicinales, dont le latin fut la courroie de transmission toujours utilisée.

L' ATTRAIT DES BELLES ÉTRANGÈRES

Cette langue, un peu délaissée, permet de nommer chaque plante et d'y décrire toute son identité, sa filiation et ses caractéristiques. Elle ajoute un charme poétique et mystérieux que le jardinier aime citer lors de ses promenades. Il va à la rencontre de chacune de ses plantes, il les appelle, il en connaît les goûts, les habitudes et les caprices ; il en surveille les métamorphoses, il les marie pour multiplier ses occasions d'admiration. Il en est à la fois le père et l'amoureux.

Rien d'autre que la passion ne peut expliquer l'engouement qui pousse certains jardiniers à vouloir se substituer au créateur en jouant de la greffe, de la pollinisation, de l'hybridation pour créer de nouvelles plantes. L'attrait des belles étrangères naît souvent d'une rencontre fortuite qui décide de l'esprit d'un jardin... et de l'invention, et du savoir-faire de son jardinier !

Les résultats sont surprenants. Qui s'attend à trouver une palmeraie au bout du Cotentin, des pavots bleus sur le plateau cauchois ou un morceau de jungle tasmanienne en plein Cherbourg ?

Lorsque la photo n'existait pas, ils se faisaient dessinateurs et artistes pour en traduire la moindre particularité. Les grandes flores étaient alors des livres pleins de rêves sous leur surface savante. Ils entretenaient d'intenses correspondances avec d'autres passionnés du bout du monde sans les connaître.

Des grandes expéditions des siècles passés, on préfère souvent se souvenir davantage des succès scientifiques que des succès militaires. La gloire du voyage de Bougainville doit plus à la botanique qu'à son action guerrière. L'avion a effacé l'exploit qu'il fallait faire pour ramener des plantes de leurs pays d'origine et les acclimater. Cela a considérablement facilité la tâche des jardiniers amoureux de belles exotiques !

Bellevue
Hellébores et flore himalayenne

Héllébores, hybrides d'orientalis, selection Bellevue. Les plantes d'origine botanique sont natives du nord de la Turquie et du Caucase. Elles ont été découvertes et introduites en France par J. M. Pitton de Tournefort vers 1700.

Il a seulement fallu à Martine Lemonnier quelques grains de folie pour les hellébores et pavots bleus de l'Himalaya, pour planter en Haute-Normandie un jardin aux origines lointaines.

La famille Lemonnier partage passion et savoir-faire bien ancrés autour du végétal.

« C'était un plateau battu par les vents quand nous sommes arrivés en 1980, explique-t-elle. Cela s'appelle Bellevue, ce n'est pas pour rien. On voyait même, à ce moment-là, les camions qui passaient sur la nationale à deux kilomètres. Aussi ai-je commencé à planter des arbres. En fait, je les ai semés. C'est ma méthode préférée pour obtenir des sujets parfaitement acclimatés au terrain. J'ai fait l'armature de mon jardin avec, bien sûr, des hêtres et des chênes, les arbres du pays, mais en variant les sortes et, surtout, j'ai associé des espèces peu courantes, pour la forme de leurs feuilles, leur port mais aussi leurs écorces. Celle du *Prunus serula* ou le bouleau blanc de Chine sont des splendeurs l'hiver. Leur aspect "peau de serpent" ou leur façon de s'éplu-

Sagement alignée et baignée de lumière, la collection est accessible et permet d'observer chaque pied sous tous les angles.

Les premières descriptions du Méconopsis Napaulewsis on été faites par Joseph Hooker en 1852 à partir de plants collectés au Népal. Il a été introduit par Georges Forest au Yunnan. Cette variété, aux fleurs blanc crème très larges et au magnifique feuillage persistant argenté, est cultivée à Bellevue depuis peu.

cher ainsi que leur couleur cannelle, dorée ou blanche, donnent de l'intérêt à ce jardin toute l'année. Car tout est prévu pour qu'il y ait toujours des couleurs même en hiver. »

Une serre ultramoderne

C'est ce souci-là qui poussera également Martine Lemonnier à s'intéresser aux hellébores. Les fameuses « roses de Noël » poussent à l'état naturel au nord de la Turquie et fleurissent chez nous de janvier à mai. Elles prennent de multiples couleurs, du blanc pur au pourpre très sombre en passant par toutes les nuances de rose, les mouchetés, les veinés, les bordés de teintes contrastées. Martine Lemonnier les élève et les multiplie avec un soin jaloux. Pour soigner et faire naître de nouvelles variétés, elle leur a construit une superbe serre. « C'est

Prunus, bétula et acer à l'épiderme changeant confirment l'étonnante variété des écorces des arbres et des arbustes asiatiques.

mon château, dit-elle. Ici, tout est prévu pour que mes plantes aient les meilleures conditions pour s'épanouir. Lumière, hygrométrie, aération : tout est calculé pour qu'on puisse développer les différentes variétés sans que les hasards de la nature, comme le vent ou les insectes, ne modifient leur patrimoine génétique. Mais elles sont tellement nombreuses maintenant — cent cinquante sortes — qu'il a fallu

De gauche à droite :
Ecorce d'un Prunus Serrula, natif de l'ouest de la Chine (Tibet, Sechuan, Yunnan).
Il a été découvert par l'abbé Delavay au cours de son séjour au Yunnan de 1867 à 1895.

Ecorce d'un Betula Costata Ermanii, originaire du nord est de l'Asie, un arbre rare en culture.

Ecorce d'un Acer Griseum, originaire du centre de la Chine, appartenat au groupe des Trifoliata série Grisea. Cet arbre a été découvert par le père Paul Farges au cours de son séjour au Sechuan entre 1867 et 1892. Il est maintenant en voie de disparition en Chine.

également trouver une façon de les isoler les unes des autres pour que les pollens ne se mélangent pas C'est pourquoi on a adopté ces buses de ciment, façon colonnes de Buren, pour les installer. De plus, cela me permet de les soigner, sans me casser le dos ! » C'est aussi une manière originale de présenter la plus importante collection européenne d'hellébores orientaux, servant de référence au Conservatoire des collections végétales spécialisées. Cette « bibliothèque de plantes » est particulièrement remarquable en janvier et février lorsque les « filles » ou les « cousines » colorent le jardin jusqu'en mai.

C'est toujours cette passion de la botanique qui anime la famille Lemonnier qui est à l'origine d'une autre collection fameuse, celle des meconopsis, placée au milieu de leur flore d'origine.

Méconopsis grandis selection Bellevue

Les meconopsis

Les meconopsis sont connus en Europe depuis les découvertes en 1886 de deux espèces de « pavot bleu de l'Himalaya » par l'abbé Delavay, le Meconopsis betonicifolia et le Meconopsis grandis. Les graines que Martine Lemonnier a reçues du jardin botanique d'Edimbourg sont des petits morceaux de grain dur, noir, mat, légèrement en forme de virgule, constitué de mille facettes complexes. Leur bourgeon, dormant en hiver, en forme d'étoile, présente une souche couverte de poils sombres. Il grossit au début du printemps, l'étoile s'ouvre alors et fait

Méconopsis X Shelonii à la forme magnifique, très florifère.

naître une autre image. De jeunes feuilles se montrent, recouvertes d'un intense duvet noir, brun ou doré. Puis, quand les gelées s'achèvent, il déploie ses feuilles rugueuses et forme ses boutons floraux également poilus. Les tiges portant les fleurs s'élèvent au-dessus du sol. Les boutons, découvrant une langue de soie colorée, se font généralement un peu attendre pour s'épanouir et restent obstinément clos cinq, dix ou quinze jours. Un beau matin, la première capsule éclate, laissant apparaître la première fleur allongée et chiffonnée, puis se déploie en laissant voir son cœur d'étamines dorées surmonté d'un stigmate blanc. Les pétales fins et irisés prennent toutes les valeurs de bleu mais aussi de jaune ou de pourpre, comme le Meconopsis punicea qu'on trouve au Yunnan.

Pavots bleus

Au cours de voyages en Angleterre, les Lemonnier, dans les grands parcs botaniques et les pépinières où ils vont chercher leurs arbres, découvrent il y a une quinzaine d'années, à Windsor, une clairière extraordinaire de fleurs bleues, les fameux meconopsis. Une autre fois, au jardin botanique d'Edimbourg, c'est le même émerveillement. Martine Lemonnier essaye alors de savoir comment se procurer des graines auprès des jardiniers et laisse son adresse, sans beaucoup d'espoir. Neuf mois se passent et, pour Noël, une petite enveloppe matelassée arrive, accompagnée de la carte de vœux du directeur du jardin botanique, contenant les précieuses graines. Ainsi commence l'aventure de l'acclimatation des meconopsis, si réussie qu'elle est désormais reconnue comme collection nationale du Conservatoire des collections végétales spécialisées.

Ce n'était pourtant pas évident que ces fameuses fleurs se plaisent en Haute-Normandie. Le docteur Favier, éminent botaniste qui a agréé cette collection, s'était esclaffé : « Bien sûr, en Angleterre ou en Irlande c'est facile ! Il pleut tous les jours et même deux fois le dimanche ! » Ici, le climat est différent. Il a fallu attendre que les hêtres filtrent les vents desséchants et que les pins sylvestres apportent leur ombre précieuse. D'année en année, les aiguilles de pin acidifient le sol et intensifiennt la profondeur des couleurs, notamment du bleu. Martine Lemonnier s'est aussi arrangée pour recréer, autour de ces précieux pavots, des compagnons qui les protègent des rayons trop ardents du soleil et qui les mettent en valeur. Elle a donc installé autour des petits rhododendrons ou des fougères persistantes. Toutes les compagnes chinoises à floraisons printanières et estivales comme les primulas, pivoines, azalées et hydrangeas s'efforcent également de recréer en pleine Normandie l'ambiance des sous-bois de l'Himalaya.

Les jardins de Bellevue
sont ouverts tous les jours
de 10 heures à 18 heures.
Plein tarif 30 F, gratuit pour
les enfants jusqu'à 12 ans.
Accès routier par la A 29 en
direction de Boulogne, sortie
Saint-Saëns, puis suivre
Beaumont-le-Hareng.

Jardins de Bellevue,
76850 Beaumont-le-Hareng.
Tél. : 02 35 33 31 37.
Fax : 02 35 33 29 44.

Paeonia officinalis anemoniflora rosea

Méconopsis paniculata, originaire de l'est du Népal et de l'Assam, découvert par J. Hooker.

La Roche Fauconnière

Une collection botanique époustouflante

Genêts d'Europe, Oleraria crubescens de Tasmanie, Pittosporum divaricatum et cordylina australis de Nouvelle-Zélande, Eucalyptus en fleurs, Ceanothus de Californie, arbre de feu du Chili, Cornus controversa variegata de Chine, toutes les parties du globe sont représentées dans ce morceau de jungle cherbourgeoise.

La Roche-Fauconnière réserve bien des surprises. Cet éperon rocheux en pente raide vers l'est — la dénivellation va de 90 à 25 mètres — se trouve en bordure de la ville de Cherbourg. C'est la vue superbe sur celle-ci, sa rade et la montagne du Roule, qui a amené le premier des Favier à s'installer là avant la guerre de 1870. Depuis, six générations ont occupé les lieux en apportant chacune tous les soins possibles à cet endroit étonnant. D'une lande de bruyères sur un sol peu profond, peu fertile, acide et sec, la famille Favier en fait une jungle exotique où poussent près de quatre mille espèces de plantes.

La première étape du jardin, réalisée par Alfred Favier, avait surtout pour but de mettre fin à l'érosion et de créer un premier abri contre le vent. A cette époque, il n'était pas question de planter des espèces rares. Le choix se porta sur des espèces classiques et

Ensemble d'azalées au pied d'un magnolia.

peu délicates. Sur le conseil du consul d'Angleterre de l'époque, Léon Favier commença à introduire des eucalyptus, des rhododendrons et des mimosas entre 1905 et 1914. C'est alors qu'apparaît un personnage étonnant, pour qui toute la famille Favier a une vénération particulière : le jardinier Célestin Plénage. Celui-ci avait réussi à sauver un grand nombre de plantes des vieux jardins cherbourgeois, alors fort riches. Mais il avait surtout un enthousiasme communicatif qu'il transmit à Charles Favier, fils de Léon. Il n'était pas jardinier de métier, mais ouvrier à l'arsenal. Il avait un sens inné de la nature. Il montra comment rectifier le profil des allées pour limiter l'érosion, comment créer de l'humus et partagea sa collection autant qu'il put. Le virus de la botanique alors contamina le père autant que le fils, et les plantations de collection se succédèrent avec tout ce qu'on pouvait trouver dans les pépinières françaises.

Voyages botaniques

L'occupation allemande puis américaine a réduit tous ces efforts à néant. Tout était donc à recommencer. Charles Favier, alors médecin de campagne à Quettehou, s'intéresse aux pépinières britanniques et tisse un réseau de relations avec tous les pas-

Groupe d'azalées Mollis (Rhododendron japonicum) bordant une ligne d'arbres composée de tulipiers de Virginie, hêtres, cyprès et eucalyptus. Derrière on devine la vallée de Quincampoix.

Allée ombragée en bas du jardin, bordée de rhododendrons. En premier plan une branche de magnolia Campbellii surplombe un groupe d'azalées.

sionnés de botanique qu'il rencontre. Pour cette seconde édition du jardin, la surface étant limitée, malgré les extensions faites au cours des temps, il a été décidé de ne pas conserver, sauf mérites spéciaux, les plantes faciles à cultiver sous le climat parisien.

C'est alors que Charles Favier commença à parcourir le monde à l'affût de nouvelles plantes. De retour dans son jardin, il aménageait sans cesse celui-ci pour que ses chères plantes s'adaptent au mieux au climat cherbourgeois. Avec l'aide de ses enfants, il ramenait de la terre, récupérait l'eau au maximum. Car, contrairement à ce que l'on pourrait croire, la pluviométrie de Cherbourg n'est pas si généreuse ! Ses fils se rappellent encore les travaux de terrassier qu'ils réalisaient à l'aide de brouettes ou de la 2 CV familiale avant l'apparition des petits tracteurs horticoles.

Les expéditions botaniques de Charles Favier furent nombreuses et laissèrent à ses amis de fameux souvenirs, en particulier lors d'un tour du monde en 1977. Le docteur Favier s'est intéressé à toutes les plantes ligneuses

L'arbre de feu du Chili (Embothrium cacceneum) contraste avec le rhododendron May Day du premier plan.

Azalea Peter Kaster devant le rhododendron Augustini, à grand développement.

et herbacées, fougères et plantes à fleurs compatibles avec le climat de Cherbourg. Il trouva en Tasmanie et en Nouvelle-Zélande beaucoup d'espèces intéressantes, très peu connues en France et même en Angleterre. Avec une précision de scientifique, il notait tout dans un cahier : depuis son année de plantation, le nombre de pieds, leur provenance et les commentaires sur leur comportement. En 1972, il prit sa retraite de médecin généraliste. Avant d'être un génial jardinier et multiplicateur de plantes, il avait fait plus de quatre mille accouchements à la ferme ! C'est à cette époque qu'il construisit une serre, directement accessible depuis la maison et chauffée par elle. Ses enfants se souviennent que le matin, dès qu'il se levait, il allait rendre visite à ses semis, boutures, plantes en convalescence et souvenirs de voyage. Cette serre était sa grande joie et l'objet de convoitise d'un de ses amis et complice également jardinier célèbre, Peter Wolkonsky. Ces deux experts très indépendants s'entendaient à merveille et faisaient de multiples échanges.

Troisième édition

« La tempête de 1987 est venue à point », disait Charles Favier. Le jardin était devenu un vieux jardin auquel il était difficile de conserver une relative jeunesse. Le jardin a pourtant beaucoup souffert et l'exceptionnelle collection de rhododendrons a pâti de la sécheresse et du trop grand ensoleillement. Et si le jardin avait fini par être trop boisé, après la tempête il ne l'était plus assez. « Eh bien ! disait l'infatigable jardinier, qu'à cela ne tienne on va faire la troisième édition du jardin. »

Il avait alors 83 ans. Le matin de Pâques 1993, après avoir guidé une nouvelle fois des visiteurs dans son jardin, il disparut alors que la restauration du jardin était bien avancée. Ses fils Alain et Bernard continuent à entretenir cette fabuleuse collection, résultat de la perpétuelle chasse aux trésors botaniques de leur père.

Le jardin de la Roche-Fauconnière se visite uniquement sur rendez-vous.
Tél. 02 33 20 08 70

Ne pas tenter l'impossible

Ne vous laissez pas aveugler par votre passion des plantes. Ne leur imposez pas des situations impossibles et, avant de planter, assurez-vous que nature du sol, conditions climatiques et degrés hygrométriques sont compatibles avec les exigences biologiques de votre nouvelle découverte.
Analysez et mesurez le taux d'acidité de votre sol, c'est maintenant possible facilement avec les kits vendus en grandes surfaces. Pour vos plantes, c'est un facteur primordial et pour vous une assurance de réussite. Le formidable choix actuel de plantes autorise la fantaisie mais ne perdez pas votre jardin par un mauvais coup de gel sanctionnant votre excès de témérité. Il s'agit donc d'éviter les anachronismes botaniques et de savoir trouver la bonne plante pour le bon endroit, ce qui demande un vrai talent... celui du jardinier !

Groupe de rhododendrons et d'azalées au pied d'un marronnier d'Inde.

Vauville

Une oasis en plein Cotentin

Gunera manicata, gynerium cortaderia, iris et fuschias poussent généreusement autour des plans d'eau, mettant en valeur les pierres du toit du château.

La famille Pellerin s'est lancée dans une aventure qu'aucun jardinier raisonnable n'aurait osé tenter. Ils ont, en deux générations, fait pousser autour de leur château, agrippé à la pointe ouest du Cotentin, un jardin botanique contre vents et marées. En effet, à 400 mètres de la mer, celle-ci joue un rôle prépondérant. Ici, il gèle rarement. Le Gulf Stream, responsable de tant de microclimats sur la côte de Bretagne Nord, n'oublie pas les cousins du Cotentin. La verte Normandie se fait un peu oublier et le paysage s'apparente plus à celui de ses voisins bretons, anglais ou même aux landes irlandaises.

Paul et Éric Pellerin s'intéressent et participent à l'évolution du jardin où leurs parents, Cléophée de Turckheim et Guillaume Pellerin, plantent sans cesse leurs dernières découvertes botaniques.

C'est dans les douves, à l'abri du vent, que le jardin a démarré. Le but d'Eric et Nicole Pellerin était de créer un jardin naturel et spontané, dont on puisse profiter hiver comme été en tirant parti du relief et du paysage existants. Pour cela, ils ont commencé par planter des haies brise-vent, en feuillage persistant, à l'abri desquelles les plantes plus fragiles pouvaient pousser. Et c'est ainsi qu'une succession de chambres de verdure est née, accueillant toute une flore méditerranéenne que la douceur et la régularité du climat font prospérer d'une manière étonnante. Les gunneras ou les *Echium pinana* aux inflorescences bleues atteignent des dimensions époustouflantes.

Agapantus umbellatus, chamaerops humilis, ifs et hydrangeas soulignent la masse trapue du pigeonnier construit en 1733.

TRAVAUX HYDRAULIQUES

Le jardin s'est constitué au départ grâce à des échanges entre amateurs. Peu à peu, en dédoublant les plantes, en semant, en faisant des boutures, les « populations » d'espèces ont permis de gagner sur les anciens pâturages alentour. A la mort de leurs parents, Guillaume Pellerin et sa sœur Marie-Noëlle ont pris le relais en faisant évoluer et grandir le jardin. C'est grâce au rétablissement d'un réseau du bief d'un ancien moulin que Guillaume Pellerin a pu créer des bassins-réservoirs. Cela lui a permis de construire

Outils de jardin

Les outils de jardin furent créés à l'imitation des extraordinaires possibilités d'adaptation de la main humaine. La main n'est pas alors un outil mais le moyen de transmission entre le cerveau et l'outil. De la variété des tâches à accomplir dans une journée (bêchage, arrosage, ratissage, etc.) est née une quantité incroyable d'instruments. Si la nature possède ses propres outils, nuages pour arroser, vent et animaux pour semer, creuser, amender, très vite l'homme sédentaire a cherché à dominer la nature, indispensable source alimentaire. Tout fut bon pour arriver à ses fins. Bâton fouisseur pour enterrer les graines, coquille d'œufs pour faire les semis, os de mammouth pour servir d'araire ! Avec l'apparition des métaux, tout va changer. Les principaux instruments que sont la bêche, la pelle, la pioche et la houe seront directement empruntés aux outils des sapeurs des légions romaines. C'est à partir du XVIe siècle, et avec le début des grandes découvertes et des échanges commerciaux, que les outils de jardin vont connaître leur essor. Entre 1520 et 1600, le nombre de plantes connues et cultivées va être multiplié par cinq. Au siècle suivant, explorateurs, savants des expéditions et même marchands intrépides vont rapporter vers l'Europe un nombre grandissant de nouveaux végétaux. A chaque étape, les jardiniers devront s'adapter à de nouveaux modes de culture et inventer de nouveaux outils : déplantoir à fougères, pince à cactus, cloche à melon, défouisseur de pommes de terre. Il faut aussi lutter contre prédateurs et maladies qui, de façon endémique, viennent s'ajouter aux tâches ordinaires du jardin. Pulvérisateurs, soufflets, pièges, filets… seront les armes choisies.

Et si Descartes perfectionna la brouette, sans cesse le souci d'économie de l'effort, allié à la recherche de l'ergonomie et de la pérennité de l'outil, a guidé les inventeurs. L'utilisation de nouveaux métaux et composants plastiques performants continue à faire évoluer les instruments dans ce contact intime qui unit la terre travaillée et le jardinier dans une nécessaire entente complice, entièrement consacrée à l'amour des jardins.

Trésors maritimes

C'est dès le début des grandes aventures de mer et la découverte de nouveaux horizons que les intrépides marins rapportèrent de leurs voyages des plantes inconnues, preuves vivantes de leurs découvertes, mais aussi réponse à cette soif de découverte. Dès le XVIe siècle, les navigateurs vont se tourner vers la recherche de nouveaux axes d'échange pour accroître leur puissance commerciale, parallèlement à un milieu scientifique qui va s'engouffrer sur ces nouvelles routes maritimes. Des ponts des navires surgit une multitude de végétaux souvent épuisés par les conditions aléatoires des voyages au long cours, et qui vont devoir être acclimatés. A cette époque, les plantes connues et disponibles vont être multipliées par cinq ! Les ports de l'Ouest, naturellement bien orientés et protégés, n'échapperont pas à ce qui va devenir une tradition portuaire : la création de jardins botaniques. Nantes, Brest, Roscoff, Cherbourg, tous ces jardins, étapes de ces nouveaux arrivants, vont constituer des lieux privilégiés pour l'acclimatation des espèces jusqu'alors inconnues. Au XVIIe comme au XVIIIe siècle, les navigateurs débarquent graines, plantes et boutures et les confient aux jardiniers, qui devront en comprendre le mode de croissance et trouver des solutions techniques à leur bonne adaptation à des conditions climatiques souvent éloignées de leur biotope naturel. Le XIXe siècle ne verra pas faiblir ce mouvement, qui sera même accéléré par la rapidité croissante des moyens de transport. De nos jours, ces jardins maritimes sont toujours bien présents et recèlent nombre de trésors botaniques ramenés de courses lointaines par d'intrépides botanistes.

une succession de pièces d'eau autour desquelles prospèrent fougères, crinums aux éclatantes fleurs roses, iris, amaryllis ou aloès. Camélias, azalées ou rhododendrons forment avec les bambous et palmiers des mariages surprenants.

Marie-Noëlle Pellerin a quitté Paris il y a une dizaine d'années pour s'établir définitivement au milieu de son jardin. Quand elle guidait les visites, ses commentaires percutants et passionnés montraient son caractère bien trempé et entier, fille du Cotentin, aussi tonique que le paysage dans lequel elle vivait. Passionnée de botanique, elle n'oubliait pas le côté esthétique des choses et voulait toujours montrer ses plantes sous leur meilleur angle et avec la lumière adéquate.

Palmeraie normande

Malgré sa disparition prématurée, rien n'a pas pu entamer l'enthousiasme, l'énergie et les projets de Guillau-

me et de son épouse Cléophée de Turckheim. Depuis plus de vingt ans, assiduité, ténacité, innovation ou tout simplement passion commune pour ce lieu unique leur permettent de se jouer des caprices des tempêtes et des aléas des vents parfois insistants. Chaque année, assistés de Jean-Marie Polydor et André Fleury,ils repoussent sans cesse les limites du jardin. Chaque année, au détour d'une haie, on découvre une nouvelle perspective, un nouveau décor, des plantes rares. Ici, c'est un théâtre de bambous que l'âne du Cotentin broute consciencieusement, là un nouveau bassin alimenté par un lion de pierre qui attend sa crinière de *Gynerium cortaderia*, ou les promesses d'une palmeraie la plus au nord de la Loire. Partout, on retrouve cette exubérante végétation qui fait oublier la latitude où on se trouve. Et, quand on aperçoit les toits du château au détour d'un chemin, ce très bel exemple d'architecture de maison forte du Nord-

C'est cette volonté de créer un lieu totalement inattendu où l'esprit peut vagabonder parmi les plantes d'un hémisphère à l'autre, qui confère au jardin botanique de Vauville ce charme si particulier.

Devant une cascade d'hemerocales, eucalyptus, cistes et eryngium pendanifolia forment un abri végétal pour les espèces plus sensibles.

Cotentin paraît insolite. Cet écrin végétal met en valeur les bâtiments construits fin XVIe-début XVIIe siècle sur la base du château fort que Richard de Vauville édifia en 1163. Du caractère défensif de la construction d'origine, il ne reste que la tour principale, le mur d'enceinte et la douve. La porterie, où mourut le bienheureux Thomas Eylie, aumônier de Saint Louis, ainsi que les communs furent malencontreusement détruits au XIXe siècle.

Cette ambiance étonnante est unique, non seulement par sa situation de bord de mer mais aussi par la variété de plantes, leur disposition et leur association. Et si le lieu ne se réfère à aucun exemple connu, les allusions à l'histoire ne sont jamais très loin. La collection d'outils de jardin que Guillaume Pellerin rassemble depuis trente ans est maintenant célèbre. De l'arrosoir de cuivre au coupe-roses en passant par une multitude d'objets insolites, tout ce qui évoque la mémoire du jardinier passionne Guillaume Pellerin et son épouse Cléophée, qui rêvent un jour de pouvoir leur consacrer un musée.

Echium fastuosum, hydrangeas, cordylines australes et hebées forment l'exotique portail végétal de Vauville, maison forte du Cotentin.

Le jardin botanique de Vauville est ouvert du 1er mai au 28 octobre les dimanches et mardis et en juin, juillet, août, les mardis, samedis et dimanches et sur demande pour les groupes. 30 F pour les adultes, 20 F de 10 à 16 ans et gratuit jusqu'à 10 ans. L'accès routier se fait par Beaumont-Hague, à l'ouest de Cherbourg, carte Michelin 54, pli 1.
Jardin botanique de Vauville,
50440 Beaumont-Hague.
Tél. : 02 33 52 71 41. Fax : 02 33 52 72 31.

Les Beschorneria aux larges hampes rouges et aux feuilles gris-bleu, acclimatées au milieu marin de la côte, constituent la sous-végétation d'une forêt de cardylines. et de trachycarpus.

CARTE : PATRICK MÉRIENNE

Table des matières

Cet ouvrage a été achevé d'imprimer par l'imprimerie MAME à Tours (37), flashage numérique CTP.
I.S.B.N. 2.7373.2372.X - Dépôt légal : février 1999
N° d'éditeur : 3760.01.07.02.99